你也可以創造
生命的奇蹟

來自全球的自我療癒實證與方法

Modern-Day Miracles:
Miraculous Moments and Extraordinary Stories from People All Over the World Whose Lives Have Been Touched by Louise L. Hay

自我療癒界第一夫人
露易絲・賀——等著
彭芷雯——譯

推薦序

愛自己，是送給自己與世界最美麗的禮物

國際呼吸生命老師、紐約榮格學院心理分析師候選人　李宜靜

當我細細的看《你也可以創造生命奇蹟》這本書的時候，常常放下書來，為每個勇敢的靈魂創造出自己生命的奇蹟而感動，而回頭看看自己，我不也是為自己創造了生命的奇蹟嗎？是的，我與書中的每個人一樣，都是因為看了露易絲．賀的《創造生命的奇蹟》，而終於願意勇敢地看到自己，並且勇敢地去愛自己。我們都是因為陷入了生命的困境，那實在太痛了，而終於說：「我願意放下！請幫我放下！」我們只需要有「願意」這個小小的願心，整個生命便開始轉換、昇華，甚至會經歷整個生命地震般的感覺，所有的人事物都來個大轉化，這時不得不放下自己一直不願意放下、苦苦傷害自己的舊信念；當終於柳暗花明，整個生命是比自己能夠想像的還要美好許多許多倍，這才驚歎，原來上天對自己的生命有這麼美麗的安排啊！

露易絲是我在學習愛自己這條路上最重要的啟蒙老師之一，她真的是一個修煉得很美的靈魂，所以她的文字可以很精煉、簡單、清楚，且充滿愛與慈悲，那堅定、溫柔的力量深入人心，引人共鳴而深具療癒力。幾年前，第一次看到她的書，當時的我已經陷入生命的谷底（本人的自我療

癒故事，在我的書，以及《創造生命的奇蹟》的推薦文中已提及）。看著她的書，原本無法原諒的人（尤其是自己），在她溫柔慈悲的文字下，竟然我就願意了。我慢慢依照她書中的方法，一字字的寫下深埋在潛意識裡的痛苦與黑暗；我照鏡子，看入自己的眼睛裡，安慰並鼓勵自己；我慢慢原諒自己與他人，我大聲念著肯定句時，常常痛哭失聲。我依照她的方式，知道當我有情緒，就讓它出來，並找出情緒的根源，那往往是過去冷凍已久的傷痛記憶。我也藉由呼吸，將心裡飛揚的記憶與情緒用力呼出來，同時發出聲音。當我開始聽到自己一直不敢發出的聲音、一直不敢說的話，還有一直不敢表達的情緒時，我終於慢慢重拾心靈長久以來失去的自由與喜悅。

露易絲的療癒方式是非常簡單有效的，而且有西方心理學的驗證和根據。我在學習愛自己的路上經歷了很多的療癒方式，三年前進入弗洛伊德的精神分析學院，一年後轉入紐約榮格心理分析學院，念了很多西方心理學的書籍，加上長期親身研究體驗在西方對上癮非常有效的十二步驟聚會，以及多年來對《奇蹟課程》的每日練習體會，如今再看露易絲的書，不禁驚歎她真的以身試法，將自我療癒的方法重新以這麼精簡溫柔的文字娓娓道來，觸動人心又能療癒。我真的很感激她，也期許你我因為自己的療癒經驗，有天也能將這個光延續到更多的人，讓這世界更幸福。

二〇一二年，方智出版社決定出版《創造生命的奇蹟》《你也可以創造生命奇蹟》這兩本書，真的是一個很重要且美麗的決定。在決定開始療癒自己的六年前到今天——二〇一二年的夏天，我細細的再看露易絲的文字，還是不斷被她的文字所感動、折服，並願意繼續看入自己，繼續原諒我還無法原諒的人事物與自己。因為我深深知道，唯有寬恕，我的路才會越行越寬，越行越自在與喜悅幸福。我在內心不斷祈禱，希望這兩本書會為受苦的靈魂帶來希望與甘霖，尤其面對現在社會與世界人心的傷痛與匱乏感而造成的種種不誠實、傷人傷己的痛苦！在為自己與這世界心疼時，我不斷提醒自己，也為世界的所有有情眾生祝福，我們每一個人真的都是自己生命的主人。我們的每一句話、每一個起心動念，都不斷在為自己創造現在與未來的生命，過去的就讓它過去吧！Every moment is a new moment, we can always make new choices.每一個時刻都是新的時刻，都可以從新做選擇的！就在這個當下，轉換心念與做決定吧！這真的可以為自己創造幸福。

我們真的如神、菩薩、上帝一般的偉大！唯一需要做的，就是不斷放下，願意放下過去緊抓的舊信念，承認自己不知道該怎麼辦，讓每個人心裡那個深愛我們的更高力量終於可以插手，與自己手牽手一起創造幸福！

你我有幸看到露易絲的書，請不斷練習，不要忘記這是每天的功課，每一秒的功課。我自己有時候也忘了，但當你我中只要有人記得愛自己，我們就有能力提醒彼此，即使我們不認識彼此，但因為所有的靈魂，所有的心智與思想都是相連的，所以只要有一個靈魂在這個當下是清醒的，所有的人都將因此而受益！所以，慢慢來，要記得下次痛苦的時候，再看一次，再看一次，並寫下你的感覺，寫下痛苦，寫下對自己的鼓勵，寫下肯定句。記得要愛自己，因為愛自己是送給這世界與自己最美麗的禮物，也是在這地球每一個人一生最重要、最美麗的功課。

（本文作者為《這樣呼吸效果驚人》與《愛與性的奇蹟課程》作者）

推薦序

療癒就從愛自己、認同自己開始

《零雜物》作者 Phyllis

我在二〇〇四年初次接觸《創造生命的奇蹟》這本書，其後陸續讀了四次。第一次只是匆匆瀏覽，沒當一回事，不過對於身體不適與心理模式之間的關聯，倒是留下了粗淺的印象。隔年老媽罹患胃腺癌，被宣告只剩半年壽命，我為了找出療癒之道再次翻閱此書，因為作者露易絲．賀女士曾透過改變想法和信念，使自己的癌細胞完全消失。

露易絲說，怨恨、批判、恐懼和罪惡感，最容易讓我們出毛病。胃病和恐懼、緊張、長期的不確定有關，癌症則肇因於長久積壓的怨恨。癌症患者容易為自己的問題責備他人，批判自己。換句話說，他們較難寬恕，也不愛自己。然而，寬恕是化解癌症的良藥，愛自己和認同自己更是活絡生命力的關鍵所在。

老媽獨力拉拔我長大，期間挨過數不清的恐懼、緊張和不安全感，而她的怨念也反覆呈現在我從小聽到大的負面言詞之中。我告訴老媽這層道理，請她試著寬恕恨了一輩子的人，可惜為時已晚。露易絲寫道：「對於那些深深帶著怨恨的人，我往往會對他們說：『請現在就開始化解你的怨恨，因為相對起來，現在是比較容易化解的；千萬別等到醫生動刀或躺在垂死的病榻上，那時候你可能還得應付你的恐慌。』」

我無力挽救老媽，面對摯親之死與隨之而來的罪惡感，我開始怨恨和批判自己。老媽往生半年後，我漸漸出現胃部抽搐和劇痛症狀。胃鏡報告顯示，我因胃食道逆流而有食道發炎、胃發炎和十二指腸潰瘍等症狀，基於我有胃癌家族史，醫生建議我每半年照一次胃鏡。

我不想活受罪，因此繼前兩次的囫圇吞棗後，我認真將此書重讀了兩回。露易絲問胃病患者：「什麼事或什麼人是你不能忍受的？什麼事令你牽腸掛肚？」她也明確指出，腸子出問題是因為害怕釋放陳舊和不需要的東西，潰瘍則源自於一種認為「自己不夠好」的巨大恐懼。

仔細想想，我確實認同了老媽的長期批判而覺得自己很差勁，不值得被愛，不值得以自己提供的服務換取合理的報酬，還經常用垃圾食物虐待身體，將滿室的雜物和房貸重擔攬在自己身上，並且總是抱怨個沒完。我的腸胃問題毫無疑問是自己的負面想法所造成，因為每一個外在結果都是內在思考模式的自然展現。

為避免步上老媽的後塵，我積極練習書中教導的肯定句法和清單法，也經常選定某個事件練習寬恕。所謂肯定句法是指正面地陳述出自己想要的生活方式，清單法則是列出他人拋給自己的負面訊息和限制性信念，並一一自潛意識中釋放。許多人曾因實踐上述方法而受惠，《你也可以創造生命的奇蹟》書中的一百四十個見證，正是成功療癒疾病、克服上癮症、吸引財富、轉化舊信念等的奇蹟個案。

露易絲的教導還包括對鏡法，也就是對著鏡中人說「我愛你」「我值得……」等正面肯定句。這門功課看似簡單，實則挑戰甚鉅，至今我這麼做時仍會感到彆扭。面對可能的抗拒，我傾向以《奇蹟課程》裡的一句話來說服自己，那就是：「你寧願自己是對的，還是寧願自己幸福？」此外，露易絲提出的建議我也力行不輟，亦即：「想那些可以讓你快樂的想法；做那些讓你感覺很好的事；和那些讓你愉快的人相處；吃那些讓你身體舒服的食物；以你舒服的速度邁向未來。」

如今我已大幅減少抱怨次數（雖然噪音偶爾還是會令我抓狂），不再半推半就地接下可能令自己後悔的案子，主動與只會帶給我負面情緒的友人失聯，盡可能避免吃進高熱量、低營養價值的食物，經常覺察自己的念頭、提醒自己放鬆，並在清除家中所有陳舊和不需要的雜物時，釋放並轉化負面信念，打掃心靈之屋。而這些改變，確實提高了我的生活品質，也讓我的胃痛逐步獲得緩解。

我們的想法和話語威力無窮！如果能為自己加油，又何苦給自己洩氣？療癒的第一步，就從愛自己、接受和認同自己開始。這是過去八年來，我從《創造生命的奇蹟》中所汲取的智慧。未來的課題仍多，幸運的是，我總有此書相伴。

CONTENT

自序　一個人，就能療癒全世界

我在三十年前寫了第一本書《療癒你的身體》，來幫助人們體認身心連結的重要。在親身經歷過極端貧窮與受虐的童年，再加上後來低自尊的歲月，讓我明白用嶄新的正面信念替換舊有負面思想的影響有多深遠。當我後來被診斷出癌症，便了解到這是清除舊有憎恨模式的機會，而且是永遠清除。我做了許多寬恕的工作，釋放了過往的痛苦，療癒了我的身體與心靈。最重要的是，我學會真正去愛自己，並且認同自己。

接著我寫了《創造生命的奇蹟》，書中囊括所有我從其他書上學到的助人資訊。我根本不知道這些書會觸動這麼多人。

我創辦賀書屋（Hay House），起初是為了出版自己的書；直到二十多年後的今日，我能夠很驕傲地說賀書屋已經成長為「自助類／身心靈領域」的頂尖出版社之一。我也非常樂於支持用有意義的方式來幫助別人改變生命的作者。

但是，我要聲明《你也可以創造生命的奇蹟》並不是用來替我（或賀書屋）廣告或背書的，也不是拿來推廣某種特定心靈道路或觀點。促使我們出版本書的原因，是因為賀書屋集團和我這些年來收到了無以計數的信件，分享了我是如何**啟發他人**來療癒他或她自己的生命（正如同有許多人在我的療癒旅程中啟發了**我**一樣）。所以我們想，若是把這些令人驚歎的信件編輯成書，將會是真正有力量，甚至可能改變生命的事。我們希望這些故事能夠為讀者帶來慰藉與動機，這些實例也告訴我們：**一個人**就能成為療癒世界的催化劑！我很榮幸能先做到了，而你也可以在你的生命裡做同樣的事！

在本書中，你會看到像是健康、工作與愛這類普遍的主題。許多故事確實都有類似的主題，但故事主人翁所面對的主要課題才是分類的依據。在每一章開頭，我會以簡短的篇幅做介紹；到了每一章結尾，則由我帶領你做一些練習，以增進療癒（為此，我建議你放一本筆記本或日記本在旁邊）。我也會提供肯定句與處方箋，讓你的意識產生不可思議的正面改變。當你閱讀以下的故事，就會明白這個練習是改變生命非常重要的一步。

當你閱讀本書，讀著來自世界各地的人們所貢獻出來的故事，請想想如何正面地用**你自己**的思想、話語、行動與意圖去影響他人，因為這正是這星球上的生命所該做的。在黑暗中點燃了一支蠟燭，便有力量去點燃另一支，再一支……如此不斷傳遞下去。

最近，我發現我的書在全世界已經銷售超過五千萬本。我想像有五千萬支蠟燭替另外五千萬支蠟燭點亮前方的道路，接著繼續點下去……我們每一個人手中的蠟燭是多麼有力量啊！大家一起來，我們可以點亮這整個世界。

第一部
健康與相關主題

第一章

從「不適」中療癒

「疾病」（disease）這個詞被貼了太多與健康有關的舊標籤，我比較喜歡改用「不適」（dis-ease）來形容那些和我們自身或環境不和諧的事物，這也強調了身體的自然狀態是「舒適自在」（ease）。我相信每個不適的狀態都是人的想法創造出來的，身體想要健康、舒適，同時也在傾聽自己所思所言的每字每句，然後將內在信念反映到身體上。當我們真正傾聽身體在說些什麼，而不是用一顆小藥丸來掩飾所有症狀，我們就會了解自己需要什麼樣的療癒；當我們為自身的想法負責，就拿回了健康的「自主權」。

以下這些人貢獻出他們的故事，好讓我們知道，藉由傾聽身體的聲音、改變想法，就能療癒生命的各個面向。

維多利亞，退休人士，加州

一切就看你怎麼想

「你還有三個月的生命，也許六個月，」神經科醫生對著才跟我結婚七個月的丈夫吉姆說：「我建議你把所有事情都安排妥當。」離開診間時，我整個人都麻木、毫無感覺了。這怎麼可能發生在我們身上？我們還在蜜月期的甜蜜階段，我不想提早結束，也不想因腦癌而失去吉姆。我們不是受害者，我們有力量創造奇蹟。

雖然吉姆在結婚時就知道我對形上學有興趣，卻還不太習慣我看待生命的方式。身為海軍陸戰隊上校之子，吉姆在傳統的環境下循規蹈矩地長大，最終也成為海軍陸戰隊的一份子。現在吉姆被診斷出罹患**多型性神經膠母細胞瘤**，這是腦癌裡最致命的一種，他想採用傳統的治療法，因而經歷了兩次腦部手術、化療與放射線治療。然而，隨後另一個腫瘤又在這期間長了出來，因此吉姆現在對於其他療法已採取開放態度，而我們也沒有時間可以浪費了。

吉姆和我不想接受醫學界所指稱的現實，決定創造自己的實相。醫生不是上帝，而我知道宇宙中還有其他可能。為了把「健康版」的平行實相帶進來，我們假裝吉姆**已經**完全康復。雖然他很虛弱，而且只能坐在輪椅上，我還是要他去回憶處於體能巔峰狀態時的美妙感受，並且一直保持在那樣的感覺與意象中。**相信**成為我們的真言。

我們不斷搜尋、整合不同的方法來協助吉姆的身體自行療癒，包括所有我們認為會有效的方法：攝取大量營養補充品、果汁療法、排毒、針灸，以及到休士頓一間另類療法診所看診；採取各種方法來療癒今生與前世的問題，各種不同宗教信仰的人也為我們祈禱，並想像他已經完全康復；我們還創造了一種觀想技巧，讓吉姆不停重複想像腫瘤縮小了……最後腫瘤真的消失不見了。

目睹我們一路走來的人都認為吉姆的痊癒是個奇蹟。當有人問他是如何抗癌成功的，我們的答案簡單而深刻：**一切就看你怎麼想**。吉姆像個真正的戰士打贏了他最偉大的一役。

我手中握著露易絲寫的《療癒你的身體》，在翻閱二十多年後，這本書雖早已泛黃破損，正是它帶給我（以及我丈夫）全新的視野，讓我們明瞭身心之間的關聯。人的所思所言都會影響身體，而藉由改變思考與說話的模式，就可以改變生命。這就是吉姆和我所做的。

芭芭拉，小學教師，加拿大

期待奇蹟

過去這一年，藉由露易絲的有聲書和DVD，我重新認識了這位女士。我因為肺積水必須接受手術，便在手術前一晚，聆聽了露易絲的夜間靜心CD。隔天早晨醒來，我心中只有一個念頭：**期待奇蹟**。

接著我被帶到醫院去，在恢復意識之前，我就已經在恢復室裡了，我丈夫在一旁陪伴。我被告知外科醫生在手術前檢查過我的肺，發現裡頭只有極少量的液體，判定我不需要動手術就可以回家。我高興得不得了！

當我走進家門、轉身要上樓時，注意到牆上有塊朋友以前送的牌匾，上頭寫著：**期待奇蹟**。我看著丈夫說道：「正面思考和選擇要把注意力放在哪裡的力量，真的出現成果了。」在緊緊擁抱之後，我們繼續過日子，覺得很放心、受到祝福並滿心感恩。

露易絲，謝謝妳！因為妳的幫助，我克服了疾病復發的恐懼，每天都把焦點放在喜悅與療癒上。妳的話語持續觸及我的潛意識，現在我又回去兼職教書，也將正面鼓勵的話語傳遞給學生。

愛莉莎，內科醫師助理，喬治亞州

希望與力量之火

我三十一歲時被診斷出罹患一種極罕見的惡性腫瘤。我十分震驚，被一股無法撼動的恐懼攫住。我生命的基礎、使我得以穩穩站立其上的基石，似乎一瞬間在我腳下粉碎。突然間，我好似掉入暗無天日的深淵。當醫生試著搞清楚到底是怎麼回事、該如何做之際，我發瘋似地想弄懂這一切，這一團混亂到底是怎麼變成我的人生的。當檢查報告一一出爐，病症已然現形，情況似乎越來越不樂觀。

黑暗威脅著要進駐，所以我不顧一切地尋求光明，結果在電視上找到了：光明化身成一個莊嚴、充滿愛、名為露易絲的女士。在露易絲與歐普拉的訪談中，她有力的話語充滿希望與仁慈。她擁有慈母般平靜而讓人放心的聲音，她沉穩的自信與我內心深處的某處共鳴。當其他人都只說著可怕的統計數字、糟糕的結果和累垮人的療法，她大膽傳遞療癒與整體性的訊息：「一切都很好。」「從這個經驗之中產生的，只有美好。」「每一件發生在我生命裡的事，都為了我最大的利益而順利進行。」「我是安全的。」這就是我一直在找尋並希望看到的微光。當我聽露易絲說話時，內在原本熄滅的火燄彷彿又重新燃起。不知怎的，我就是知道那簇火焰可以被搧成一股希望與力量之火——我可以從灰燼中站起，往前邁向健康的新人生。

看完那場訪談後，我潛心使用肯定句，宣稱完美的健康與永恆的療癒是我的神聖權利。當我閱讀更多露易絲對於療癒、整體性、豐盛與愛的願景，好像有一重簾幕被拉開，顯現出美麗的祕密，那是一張藍圖，繪出已解碼的謎團與共享的智慧。

當我的醫療團隊正在努力之際，我也未終止自我的療癒。我開始將自己從老舊的模式和信念中釋放出來，那些模式和信念讓我的心與生命無法對真實的本質與潛能敞開。醫生以為我對療法的反應很好，其實我知道那是肯定句和觀想造成的實相。然後，當我的身體重生之後，接著就是心靈，有時心靈甚至在前頭帶領。我開始看見自己被賦予了難得的機會，可以「清理」人生、選擇我想放回去的事物，可以重新定義一切。原先那個不顧一切抓住希望的想法，成了通往覺醒與療癒的清晰道路。

露易絲，妳為我指出了回家的路，對我們所有人來說，妳真的是代表光明、愛與希望的指路明燈。衷心感謝妳重新燃起我內在的火焰。

無論如何都不能傷害自己

黛比，企業主與退休教師，德州我在二〇〇七年六月被診斷出罹患罕見的癌症：胃腸道間質瘤。在動完手術移除腫瘤之後，醫生堅持我需要接受進一步的治療，但是化療與放射線都沒有效。我承認那時心神不安，但並不是真的害怕。我覺得那比較像是猶疑不定，而非恐懼。我知道我必須做些什麼才能康復，只是不確定到底要做什麼。我做了一個決定，那就是無論如何都不能傷害自己。

因為我不確定需要做什麼，便按照直覺讓自己成為一名漫遊者。我在房間和家門外的庭院中遊蕩，不時抬頭望望白日的雲朵與夜空的星星。即使我看起來好像是在尋找些什麼，但我知道其實我在尋找原本已有的東西。不管那是什麼，我有信心它會在完美的時刻來到。

我最喜歡去的地方之一，就是住家附近的購物商場。一端是全食市場（譯注：全球最大的有機食材零售連鎖店），那兒非常方便，是滿足我營養需求的好所在，另外一端則是邦諾書店（譯注：美國著名連鎖書店）。在我得知診斷結果約四、五個星期之後，我發現自己在書店裡四處徘徊。我記得當我在書架前逡巡，有本書特別凸出來。我感到有股強烈的衝動想要看看，於是把這本書從書架上拿了下來。看到書名時，我不禁笑了起來，並想：**我正希望如此，那真是太棒了！**我留心內在聲音的召喚，買了那本書。當然，這本書就是《創造生命的奇蹟》。

一回到家，我馬上就貪婪地讀起來。當我看著這些話語，我知道這就是我一直想去探索的事物。我立刻開始做這些肯定句與練習，還有露易絲建議的視覺化觀想；我越練習，就越知道該怎麼做。

現在一年半過去了，我健康得不得了！我精力充沛，並且知道我是以我本然所是的方式生活著——快樂、體態適中，且朝氣蓬勃！《創造生命的奇蹟》已成為我持續運用的靈感指引，我永遠都會感謝露易絲。

愛拉娜，瑜伽治療師與靈氣師父，加州

肯定句大大改變了我的生命

露易絲一直給我很多啟發，並且以最正面的方式，真切地改變了我的生命。當我需要奇蹟，我在病榻上天天聽著她的聲音，而奇蹟真的就來到了我面前！

我在二〇〇三年被診斷出有嚴重的克隆氏症，在病床上躺了整整兩年，每天都在難忍的痛苦中度過。我被政府認定為身心障礙者，在試過所有醫療方法但都無效之後，醫療專業放棄了我。醫生說，我要從病床上起身、回復正常，是不太可能了。

我母親是位退休的心理學家，從不放棄我有天會好轉的希望。當我母親在經歷離婚過程時，露易絲曾經給她很大的幫助；現在，她帶了兩張露易絲的CD給我，這樣我們就可以一起聽。我很愛聽這些CD。露易絲舒緩的聲音每天都進入我的臥房，讓我覺得好多了，她就像是我的天使。我繼續讀她的書，每天多次重複肯定句，這大大改變了我的生命。

現代奇蹟真的發生了！我每天都持續努力練習肯定句與正面思考，我慢慢變得越來越健康。

我不只離開病床，還開始上瑜伽課與靈氣課程，這些課程帶領我進入真正健康的狀態。我很高興可以告訴大家，現在我是個瑜伽教師、瑜伽治療師，也是靈氣師父。為了要把這份奇蹟似還我健康的方法傳布出去，我刻意與慢性病人或重症者一起工作。我想要回饋！

我的瑜伽課程一開始就會先讓學生挑選一張露易絲的肯定句卡片，到課程結束時，我請他們帶著自己的卡片回家，放在某個地方。他們愛極了！許多學生就從帶一張肯定句卡片回家而開始有了正面的經驗。我的夢想是有一天能像露易絲一樣以演講、寫書來幫助許多人。二〇〇七年，我很榮幸和母親一起參加在拉斯維加斯舉辦的「我可以做到」（I Can Do It!）大會。這是我參加過最棒的旅行之一，我永遠都會珍藏這份回憶。

露易絲，當醫療專業放棄我的時候，妳就在那裡，妳溫柔的聲音滋養了我，讓我重新恢復健康。為此，我永遠感謝妳！對我來說，妳就是個奇蹟工作者！

愛麗娜，企業主與執行長，加拿大

我停了抗生素，讓身體自行療癒

我來自中歐的小國家，在一九九三年首次讀到露易絲的書，在生命中這是第一次，我覺得有人說的話是如此深得我心。我不知道為何我遲至二十七歲才發現她。現在我知道為什麼了：弟子準備好時，師父就出現了。

露易絲在我生命的各個面向都幫助了我，而後我陸續找到了夏克提・高文、拿破崙・希爾、戴爾・卡內基、諾曼・文森・皮爾及史蒂芬・柯維。我從這些美妙的作者身上學到很多，但露易絲還是我的最愛。

露易絲真正影響我生命的部分是在健康方面。我發現她時，已經受鏈球菌性扁桃腺炎（streptococcal tonsillitis, ST）所苦長達二十二年。好幾個醫生認為是這個原因造成的，雖然沒有一個人做過實驗室測試。他們毫不懷疑地認定這是ST，總是開給我抗生素。有時我會出現一系列的ST感染，一個接一個，連續六週——這表示我每隔兩、三星期就要使用抗生素，一個接一個。

露易絲的教導與我先生的大力支持，讓我生出勇氣扭轉了這個狀況。所以，當我又被診斷為ST，又被理所當然給予抗生素治療時，我決定不服用任何藥丸來擺脫這個疾病。於是我就這麼做了！

我運用露易絲在《創造生命的奇蹟》中分享的肯定句來靜心，並遵照她的其他建議，例如飲食清淡好清除毒素，並讓身體自行運作，療癒自己。一週後，我去做後續診療。當我的醫生確認我完全健康時，我幾乎暈厥，可見我聽到這個消息有多麼興奮。我的奇蹟是我沒有使用抗生素就康復了，而且從這天開始，我再也沒有得到ST。

露易絲，在我這趟偉大旅程的開端，妳就一直在那裡，而我因為妳學到了許多。謝謝妳，讓我找到了隧道盡頭的光——再次謝謝妳，我現在生活在這光中。我是如此感激，露易絲，我對妳有無限的愛與尊敬。請為自己感到驕傲。

心智的療癒力量

二〇〇四年頭幾個月，我一直苦於胸腔疼痛，在看了三個醫生並做了許多檢查之後，還是無法找到疼痛來源。那年六月，我一跨出車門就跌倒在地，自腰際上方往下全都麻痺。很幸運的，當時有朋友在我身邊，立即叫了救護車。在醫院的時候，核磁共振檢測顯示我的脊椎上部有個巨大的腫瘤，是從乳癌轉移過來的。我的生命只剩下四到五個月，醫生說我得立即開刀移除腫瘤，這樣我在步向臨終的過程中會較為舒坦——雖然醫生告訴我女兒，我可能無法順利捱過手術。

隔天是我的六十三歲生日，腫瘤被移除了。我在加護病房待了四十八小時後，就被移往私人病房。醫師們都感到很驚訝，但認定我以後再也無法行走。我的脊椎接受了數星期的放射線治療，並開始以藥物治療乳癌。醫師們再次驚訝地看到我擺動大腳趾，但他們向我承諾這就是最好的結果了。

我被轉送到復健中心之後，因為血塊進入肺部，我又經歷了另一次瀕死經驗。我再度被救護車緊急送往最近醫院的加護病房；我的女兒又再度被告知一切都要結束了。為了防止更多血塊進入我的心肺，醫生將濾器插進我體內，我因而感染了葡萄球菌，但是四週後，我被轉送回復健中心。在接下來的六星期中，我接受了物理療法與職業療法。有位復健師堅持要我走路，不接受「不行」這個答案。一開始我只能走幾個蹣跚軟弱的步子，但當我離開復健中心，我已經可以靠著協助與助行器繞著健身中心走了。

BJ，退休人士，德州

我在四個月內去了四家不同的醫院，接下來的八個月裡，我和女兒及女婿住在一起，並持續康復中。雖然花了一點時間，但現在我再次獨自生活、開車、做我想做的事。在這三年裡，癌症沒有再復發，即使我無法像以前一樣行走，但是我可以走路，而且不需要枴杖或任何輔助。

你也許會覺得奇怪，露易絲和這一切有何關聯？是這樣的，我剛開始住院的時候，我女兒帶來了一些書和CD，而我發現露易絲的東西特別有幫助。我持續不斷播放她的CD，沒有在聽的時候，我就靜心並複誦肯定句。若沒有露易絲的話語，我是不可能再次正常地走路、痊癒，甚至活到今天。我了解到疾病在我的心智裡，而心智是可以被療癒的。露易絲提醒了我要改變想法，也因此改變了我的生命。我繼續享受她的作品，非常感謝她。

維多利亞，平面設計師，加拿大

擁抱多發性硬化症

我在一九八七年被診斷出「反覆發作型多發性硬化症」，症狀是視力模糊，雙手、手臂和腿會麻木無知覺。神經科醫生告訴我，當時沒有任何療法，而我在兩年內就會需要坐輪椅。**不，我不會的**，我這麼想著。

我決定要跟我的多發性硬化症「對話」。我告訴它，我尊重它；為了回報，它就必須要尊重**我**，讓我過我的人生。當我不尊重**我自己**時，就會視力模糊、手腳虛弱無力，時間長達兩、三個月之久。這樣的狀況持續了十五年，直到二〇〇三年因為我個人的問題而惡化。

此時這個疾病加速變成「後續惡化型多發性硬化症」。我失去了平衡，且根據醫生的說法，是沒有機會減緩的。我再也不能不依賴助行器來走路，並且一直處在極難忍受的痛苦之中，就像是電極在頭與肩膀之間遊走。我說話含糊不清，會被食物嗆住，淋巴無法協力合作，且無時無刻都在睡覺。我的症狀反映出頭腦裡所想的，我完全被憎恨、憤怒與恐懼的情緒所控制。

這時我發現了露易絲，她的教導讓我知道必須對自己的疾病負責。我是唯一能決定是否可以再次行走的人，而且為了自己，我必須要再站起來。**多發性硬化症並不是可怕的病症，而是偽裝的祝福。**我的身體正在跟我對話，並告訴我只要我如此選擇，就能再次行走。為了要做到，我必須更獨立，自己做決定。

我開始每天都練習肯定句，真正去感受，而我的生命開始轉變。我遠離了恐懼，並以愛和真理為基礎來做決定。透過愛我自己、榮耀我的身體與不再自視為受害者，我創造了最為卓越非凡的自己。我開始吸引看法相同、正面並具支持力的人進入我的生命。

我一直在上皮拉提斯跟肚皮舞的課程，也開始上藝術課程，繼續平面設計師的工作。我現在能清楚地說話、看見、有更多的精力，我的身體協調已經百分之百改善了。我視我的助行器為支持，而非支撐的枴杖。每天閱讀露易絲的書及說肯定句（而且最重要的，是從我的心裡去感受），讓我能夠去擁抱多發性硬化症，並給我內在的平靜，使我毫無所懼地往前邁進。我現在是我生來所是的女人，對我的能力很有自信！

露易絲啟發並幫助了療癒

自一九八六年初以來，露易絲一直就是我的靈感。我那時住在舊金山，有天我正在當地書店的書架前仔細瀏覽，一本《創造生命的奇蹟》就這樣不偏不倚地掉進我手中。當然，我買了這本書……目前我仍保有這本早已翻爛的書，不時會回去翻閱參考。

我很快就認同露易絲：我單身，在基督科學教派中長大，但並不真正喜歡；一九八三年，我開始練習超覺靜坐，不久又學習「新思維」。這些年來，我持續不斷購買露易絲的書，買到賀書屋送我一本白色皮革精裝版的《創造生命的奇蹟》——那可是我的寶貝之一。

這些年來，我從露易絲的書中體驗到如此多的靈感與啟發。譬如說，我在一九八八年二月感到身體非常不對勁，有兩個診斷都說我可能罹患了子宮頸癌。我沒告訴任何人這個消息，決定自行前往聖地牙哥的「最適健康學苑」——我知道露易絲也很喜歡這個地方。我沿著門多西諾海岸往下開——幾個月前我搬到那裡，去放縱自己想要彈奏爵士鋼琴的熊熊欲望，還花了兩星期「接受治療」。真正有療癒力量的是一片露易絲早期的忠告與肯定句CD。露易絲舒緩的聲音協助我放鬆地進入學苑的養生法，而我一直覺得吸收她話語中的真理是我療癒的主要部分。

我知道我離開學苑時就已經康復了。幾個月後，我去一般的醫院做檢查，檢查結果顯示我很健康，完全沒有任何罹癌癥候，從那之後我就一直是這樣。

露易絲，謝謝妳給我機會分享這個故事，讓我送妳許多愛！

瑪麗，音樂家、藝術家與作家，加州

蕾妮，身體呼吸整合輔導師，紐約

把我的「東西」帶出表面

十年前，我的第二個女兒出生。生產隔天，我發現脖子上有個高爾夫球大小的突起——讓我長話短說吧：我的甲狀腺上有個惡性腫瘤。醫生想要馬上開刀，進行化療與放射療法。我很感謝地說：「不，我想帶寶寶回家。」

我在完全的震驚之中向一切祈禱（甚至我的植物），尋求答案。我去書店尋找其他可能選項，因為外科手術並不是我的選擇（我並不想停止餵母乳）。《創造生命的奇蹟》吸引了我的目光，還唱進了我的靈魂。感謝這本書，我持續不斷以無數個小時複誦肯定句與深呼吸，流了許多眼淚。我的「東西」浮上了表面，得以被檢視並療癒……包括從三歲以來就有的風濕性關節炎。不消說，來自我過去的課題實在太多了，但事情在好轉前必須先到谷底啊！

我很高興地告訴你，我已經療癒了自己，沒有使用任何藥物或手術，若沒有露易絲，我是不可能做到的。我告訴每個人，如果我擱淺在荒島上，我唯一會帶的書就是《創造生命的奇蹟》。有天我將會看著露易絲的眼睛，試著回報她所給予我的一切。我心中滿溢著對這位卓越非凡女士的祝福。

挑戰所有醫療史

蘇，銷售經理，德州

我的身心靈是一體的……在我的世界裡「一切」都美好！

這句來自露易絲的聲明，自一九九九年以來已成為我的「真言」與「救命索」，總是深印在我的腦際，還被我貼在浴室鏡子上。我在那年八月三十一日被診斷出患有多重骨髓癌。醫生說這病無法痊癒，但可以治療與控制。我做了一個決定，這將不會是我的實相！診斷後一週，有位朋友買了露易絲的CD給我。我像朝聖般虔敬聆聽這些CD，在幾星期內，露易絲那具有說服力並深刻有力量的訊息，和我的內在產生了共鳴。我知道我將會繼續活下去，因為我相信**我的身心靈是一體的……在我的世界裡「一切」都美好！**

在接下來這幾年的旅程裡，我持續複誦這句聲明。《創造生命的奇蹟》已經成為我生活的指引，而《療癒你的身體》《健康與療癒的101種方式》及《力量思想卡》總是放在我的床頭櫃或手邊！

對我來說，露易絲的正面肯定句與啟發確實真切無比地賦予了我生命的力量。我的奇蹟在二〇〇八年七月九日得到確認，當我的腫瘤科醫生告訴我：「蘇，我不敢相信我所說的話，因為這將會挑戰所有的醫療史，但妳已經康復了，完全沒有骨髓癌：它已經消失了！妳真的是活生生的奇蹟！」我知道我心中對上帝永不止息的信仰及我正面的態度，都要感謝總是有露易絲在我身邊，這都是造就現在這個快樂健康的我的原因。

露易絲，我永遠都感激妳，謝謝妳一直有著幫助像我這樣的人的渴望。**謝謝妳！**

伊娃娜，攝影師，英國

我顯化了輝煌的生命

我已經飽受定期的外陰部皰疹困擾長達兩年。每兩個月就會發作一次，我每次都得跑一趟醫院，也都會拿到一整包抗生素。然後要再花一、兩個星期，才能治好。

有天，當我注意到在發作前經常出現的不適感，便決定採用露易絲的方法。我讀她的書已經好幾年了，我知道我不能再依賴抗生素，也接受了心智可以同時療癒並顯化的觀念。

我了解到現在要做的，就是盡可能深入我青少年時期的舊有模式當中：我拒斥自己的性器官，當時就這樣……我回想起那時候，我相信我的生殖器官是醜陋而令人尷尬的，我無法碰觸、甚至是看著它。我從來不用衛生棉條，因為我無法想像陰道裡竟然要放東西。當然，我甚至無法想像有性行為。直到我二十歲，這些想法才稍稍減緩，因為我覺得該是「長大」的時候了。即使如此，我現在才了解我是如何創造出幾年後才在身上定期出現的皰疹。

我開始以偉大的希望與喜悅的感受，去處理與克服內在這些負面模式。我不會對自己提及**痛苦**這個字眼，而刻意以**覺受**來置換，這樣就不會把力量給了疾病的幻相。對於皰疹，我運用《創造生命的奇蹟》裡的肯定句，也讓這些肯定句成為我的真言。我帶著「已經被療癒」的深厚信念不斷重複著。我盡可能時常觀想我的性器官是如此健康，以其自身自然的美麗散發著光芒。我盡全力為了我美麗的生殖器去創造健康美好的氛圍與感激，而且真的感受到自己迅速被治癒了。經過四天的努力，我做了個神奇的夢。在夢中，我到醫院去檢查皰疹是否消失，即使直覺上我知道已經痊癒了。醫生做了檢查後說：「我可以看到露易絲的肯定句與妳其他心理工作的效果。一切看起來都很好，你已經完全康復了。」

我帶著震顫的感受醒來，有個巨大的奇蹟剛剛發生了。我的夢確認了我已經被療癒，而且我是運用心智的力量來治療，沒有使用抗生素！這個經驗讓我對心理工作有了非常強烈的信念，並且進入內在去創造外在世界。每個人都有潛力可以顯化輝煌、充滿著愛與神奇力量的人生。

現在已是多年之後，而皰疹再也沒有爆發過。露易絲，我真的痊癒了，謝謝！

喬蒂克麗絲汀，住屋評價公司副總裁，加州

我接受並認同我自己

我二十四歲時被診斷出克隆氏症，當時是一九八七年。即使吃了藥，我仍然很痛苦。到了一九八九年，我的健康狀況惡化，醫生說要替我注射類固醇，而且可能要動手術來移除部分腸子。我病得很重，也厭倦了一直生病，覺得很疲累，但是我知道我不想開刀，因為那不過是暫時貼住傷口的膠布，並不是真正的治療。我得找到治癒的方法，於是開始祈禱。

有位朋友邀請我到加州聖卡羅的環星劇場看表演，在那裡我遇到了露易絲，我的生命就從那時開始改變了……我發現愛能療癒。我開始每天對著鏡子練習肯定句，持續重複：**我接受並認同**

我自己。到今天，我是個奇蹟：我四十五歲，從不吃藥，身體也比二十年前還要好。我每兩年做一次結腸鏡檢查，而每次檢測都顯示腸壁裡有持續不斷的自癒能力。

露易絲，謝謝妳，因為妳所分享的知識，讓我療癒了我的生命。在我家中的書桌上有一張妳的相片，提醒我要盡本分，並向妳致謝。我先生和我十一月在洛杉磯又見到了妳——這麼多年後又再次看到妳真是太開心了。送出我的愛與祝福給妳。

我相信我也可以痊癒

蓋兒，合格護士、按摩治療師、延壽飲食法的教育者、私人廚師，佛羅里達州

一九七〇年時，我是個十四歲的自由靈魂。世界是如此美麗，因為那是和平與愛、寶瓶時代的黎明。我成為一名素食者與瑜伽士，非常喜樂地活在這樣的道路上。

我在一九七八年完成了大學學業，畢業後很幸運地在一間瑜伽中心找到了住所。管理這家中心的女士，成為我一直希望擁有的母親，給了我無條件的愛。我叫她「史娃米媽咪」（譯注：Swami，印度教裡「老師」的意思），她是我的一切。我原本可以永遠和她在一起，但是生命將我帶離了她身邊。我對營養學的興趣帶領我進入護理學校，我完全沉浸在醫學世界中。我日復一日看著手術、藥物治療、令人難以想像的疾病及死亡。我完全脫離了原先的道路！

我一直渴望回到瑜伽老師身邊，最後終於在一九九四年實現了。我很高興她的瑜伽中心蓬勃發展，我憶起年輕的時候，很喜樂地回到這條道路上。然而在一九九六年十一月九日，我的史娃

米媽咪突然過世了。她給我的愛與滋養突然之間消失不見，我覺得我的心就好像炸開了一樣。我有嚴重的背痛，感覺身上每一處都碎裂了。不久，我發現胸部有個腫塊。原來，我得了乳癌，而且已經擴散到十二個淋巴結了。在醫學上，我被判了死刑——我被告知只剩下六個月到一年可活。

然而，史娃米媽咪留給我一份禮物：一位在瑜伽中心搭帳棚住的瑜伽學生。這位美妙的人身無長物，卻有一本破破爛爛的《療癒你的身體》。他這麼告訴我：「你一定要看這本書。」我照做了。

我聽說當一個老師能感動你，當他或她的話語可以和你共鳴，那麼療癒就能在頃刻之間發生。我想那天我打開那本書時就是如此。**我的背**、**我的胸部**、**癌症**，露易絲提供了我現有問題的每個原因。我反覆念誦她提供的肯定句，全神貫注讀著她從癌症中治癒的故事，我相信**我**也可以痊癒。

從一九九六年的那天開始，當那位美妙的男士（後來成為我的丈夫）和我分享《療癒你的身體》，我已閱讀了許多色彩繽紛、閃耀與全新的露易絲書籍。但我永遠也不會和那本用膠帶黏起來的破書分開，到現在我們一直都還在使用著。

現在我還活著，非常有活力而且很健康。我每天都感謝露易絲寫了這本書，教導我如何療癒我的身體。

這就是我的奇蹟。

魔力之書

瑪麗亞伊莎貝，業務代表，厄瓜多

我在二〇〇六年五月被診斷出乳癌。那是個很痛苦的時期，我不知道該怎麼辦才好。我的嫂嫂給了我一本露易絲寫的書，對我來說，這書就像是魔法。當我開始接受治療，我記起我所讀過的書，然後練習所有露易絲說過的話。我的治療很成功，一切都很好，而且我很輕易就康復了。我知道大部分罹癌的人，並不會認為這個經驗是個好機會，能讓你去獲得很棒的東西，進而去探索一個人在生命中擁有的一切機會。但那就是我的態度，而所有一切都變得很美好。

我開始治療時，也重新翻修房子，還繼續工作（我在園藝場工作，距離我住的城鎮一小時）。我繼續做一般的事，並沒有改變我的生活。我確信每件事物都會以正確的方式前進，我將會很健康，我的整個人生將會非常美妙……而我是對的！現在我比之前有更多機會，也確信我將會有個長壽而快樂的生活。是的！

我確定是神將露易絲的書放進我手中，我是如此感謝祂（以及她）！

各方面都完全被療癒了

潔咪，按摩治療師，加州

我在二〇〇六年春夏之際，突然爆發了潰瘍性結腸炎。我看了好幾個醫生，但都沒什麼幫助。所以五月到七月這段時間，我躲在家中不敢出門，因為要是我無法及時趕到最近的廁所那可就糟了——很不幸的，過去我發生過這樣的事，覺得非常難為情。我是廁所的奴隸，永遠都不知道何時會有「插曲」發生，而當它發生時，我可能會無力數小時才能結束。有時候我會在這種極度的痛苦之中躺在床上，希望就這樣死掉算了，然後一切就結束了。我的孩子們變得非常獨立，現在每當我想到這件事，就覺得這是件好事，當時卻讓我覺得完全孤立無援。

有天當我為了蹓狗離開房子幾分鐘，有位鄰居跟我提到露易絲和《創造生命的奇蹟》。她告訴我露易絲書裡的概念對我來說可能很困難，但如果我願意去做，我將會痊癒。既然我一直認為自己是個有靈性的人，我相信我願意面對這項挑戰。

自從幾年前看完這本書、做了練習之後，我可以說已經完全康復了。是的，那是段艱困的道路，但我會一直走下去。我的生命與對生命的看法都已完全改觀，而我的旅程仍然繼續著：我去看過心靈治療師、針灸師及薩滿，也閱讀了朵琳・芙秋、布蘭登・貝絲（Brandon Bays）和其他心靈作家的書。

我很感謝我學習到的關於自己的一切，而且還在繼續學習中。不只我自己的生命因此而改變，這個過程也幫助了我身邊的人。我現在是個更好的人，感謝神與宇宙讓我有這個經驗。我每天都感激所有事物、所有人。我對宇宙有如此多的感謝，但我要特別給露易絲一個**大大的**感謝，每一天都祝福她！她是我的大師。我相信她就是那個讓我在此時此地的原因：康復、健康、感恩並快樂！

露易絲，謝謝妳，我打從心底（以及我健康的結腸）向妳致上謝意！

琳，識字教練，紐澤西州

癌症消失且備受祝福

那不過是個想法，而想法可以被改變。我十五多年前發現罹患乳癌時，這句話成為了我的真言。

當時我正在撰寫有關身心連結的論文，我發現有間書店在賣露易絲的書，我被《創造生命的奇蹟》與有聲書所吸引。奇蹟立即展開，當我需要的時候，許多事情已經就定位了。

癌症讓你的世界整個翻轉過來。即使當時是寒冷的冬天，我和丈夫會一直不停走著，好釋放掉我體內的負面能量。回到家後，我就放露易絲的CD來幫助睡眠。每當我感覺低落，就專注在改變負面想法。我持續不斷複誦自己的肯定句。

有幾個人很快就推薦了一位專攻乳癌的醫生給我。我打電話到保險公司去要求他做我的診療醫師，保險公司告訴我，他們最近才將他加入，成為我的健康計畫裡的參與醫師，而這個協議書才剛簽好。我終於能感覺到自己正在成功治療癌症的正確位置。我也發現了其他正面思考的作者，像是伯尼．席格爾，還有奇蹟課程等資源，因此我在療癒之路上走得很好。

我的癌症現在已經消失了，很感謝露易絲為我打下的基石。生命裡有很多門因此而敞開，我真的是備受祝福，這真是個美麗的事件！

微笑與奇蹟

南西，未提供工作，內華達州

我的生命挑戰是從子宮裡開始的。我是個非常悲傷、害羞的小女孩，到十三歲都還不知道要如何微笑。我在雜誌上讀到，要是每天向經過身邊的人微笑是件很好的事，便到浴室的鏡子前去看看微笑是怎麼一回事。當我試著這麼做時，我感覺到的是臉上肌肉的疼痛，在鏡子裡則看到一張令人不舒服的怪臉。我嚇壞了，決定要替換成模特兒般的笑容。練習了好幾個月後，我才有勇氣在大眾面前嘗試展露微笑。當我這麼做時，有位老先生很仁慈地回報我的微笑。我很震驚。這可說是改變我生命的重大事件。

另一件改變我生命的事件發生在我五十二歲的時候，我被診斷出乳癌。本來我已排好時間要移除右邊大部分的乳房，再接受化療，就像我母親一樣（她在五十四歲時因乳癌過世）。在我要動手術的那一天，我起床後打電話到醫生辦公室，告訴他們我不動手術了。很意外的，接聽電話的護士回答：「這樣對妳很好！」

我根本就不知道要做什麼，或者接下來要怎麼治療癌症——但是宇宙知道。我被一個又一個人帶領著，啟蒙我關於另類治療的方法。然後《創造生命的奇蹟》來到我身邊。我對她治好了自己的癌症感到非常激動。我開始應用她的教導，以及我所學到的其他事物。我開始療癒自己，而我過去七年的乳房X光攝影片都是正常的。

最近我在拉斯維加斯的「我可以做到！」大會裡遇見露易絲。我和她分享她書中教導對我的影響，而我也會繼續學習她的教導。我告訴她，我是如何運用從她那兒學到的法則，來教導我成年的孩子，而他們也一直經驗到很棒的結果，我的兒大子甚至每年都跟我要她的「我可以做到！」日曆當作聖誕節禮物。

奇蹟並不全是地動天搖、值得大書特書的事件，而經常是由願意分享者所種下的美好良善的小種子。這些在生命風暴中掙扎的種子，會成長為強壯的模範，在生命道路上啟發與鼓勵他人。

那天露易絲和我說話的時候，她牽著我的手說：「妳知道妳是多麼有力量嗎？」我略微遲疑著。然後我看見我即將啟動的旅程，從一個無法微笑的十三歲孩子，到一個對乳癌說「不」的成熟女人，一個持續播下露易絲良善奇蹟種子的人。

我大膽地看著露易絲的眼睛，漾起大大的微笑，斷然說道：「是的，我是！」

與露易絲一起練習

無論你要處理的是哪種疾病，跟專業醫護人員討論都是很重要的。然而，去探索你內在的疾病根源也很重要。你無法只處理身體上的症狀，而完全治癒不適。你的身體會持續顯化疾病，直到你療癒了情緒與心靈的問題，而那些就是不適的根源。

完成下方的練習之後，你會清楚了解到自己對於健康的想法（請把答案寫在另一張紙或筆記本上）。

釋放你的健康問題

真正的療癒包括身體、心智與靈性。我相信如果我們治癒了某個疾病，卻沒有去處理環繞著病痛的情緒與心靈問題，那麼它還是會再次顯化。

所以，你願意釋放那些造成你健康問題的需求嗎？請記住，當你有想要改變的制約，你要做的第一件事就是說出來：「我願意釋放在我的內在中創造這個制約的需求。」再說一次，看著鏡子說出來。每當你想到你的制約，就把它說出來。這是創造改變的第一步。

疾病在你生命裡的角色

接下來，盡可能誠實地完成以下陳述：

- 我讓自己生病的方式是……
- 我試著要逃避……時，我就會生病。
- 我生病時，我總是想要……
- 小時候當我生病時，我的母親／父親總是……
- 我生病時，最大的恐懼是……

你的家族史

然後花點時間做以下的列表：

・列出你母親所有的疾病。
・列出你父親所有的疾病。
・列出你所有的疾病。
・看出關聯了嗎？

對於不適的信念

讓我們來檢視你身上更多關於不適的信念。請回答以下問題：

・關於你孩童時期的疾病，你記得什麼？
・關於不適，你從父母那裡學到了什麼？
・當你還是小孩的時候，你生病時最享受的是什麼（如果有的話）？
・是否有個關於疾病的信念，是從你的孩童時期而來的，但直到今天都還存在呢？
・你對於目前的健康狀態做了什麼？
・你希望改善你的健康嗎？如果是，要用什麼樣的方式呢？

自我價值感與健康

現在讓我們來檢視自我價值感的議題，這跟你的健康有關。請回答以下的問題。在每個問題之後，說出一句或更多肯定句，來抵銷負面的信念。

- 你覺得你值得美好的健康嗎？
- 對於你的健康，你最害怕的是什麼？
- 你在這個信念裡可以「得到」什麼？
- 如果你放下這個信念，你害怕什麼事情會發生？

肯定句

❤我每天都覺得越來越好。
❤無論幾歲，我都是美麗又有力量的。
❤我感覺非常棒，我很健康、容光煥發。
❤我的身體很快就康復。
❤我充滿了活力與熱誠。

❤充滿愛的想法讓我的免疫系統強大。我從裡到外都是安全的。
❤我很健康、完整並充滿喜悅。
❤我擁有快樂、敏捷的身體。
❤我願意釋放在意識裡創造這個制約的模式。
❤我感激我身體裡的奇蹟。
❤我愛我自己，並溫柔地對待我的身體。
❤我將我的身體維持在最理想的健康狀態中。
❤我愛生命。活著對我來說是安全的。
❤我是健康、一體而完整的。
❤我進入內在去消融創造這個制約的模式。我現在接受神聖療癒。
❤我每時每刻都全然的自在。
❤每隻在醫療時碰觸我的手都是療癒之手，表達的只有愛。
❤我的手術會很快速、輕易並完美地進行。
❤隨著每個呼吸，我會越來越健康。
❤我現在擁有美好的健康。我釋放了過去。

不適的處方箋

我接受健康是存在的自然狀態。我現在有意識地釋放任何在我內在，以任何不適的方式表達出來的心理模式。我認同並且愛我自己。我認同並且愛我的身體。我以滋養的飲食餵養它，以有趣好玩的方式運動。我肯定我的身體是個美妙又偉大的機器，能夠活在這裡面，我感到非常榮幸。我喜歡擁有很多的活力。在我的世界裡一切都美好。

第二章 處理傷害與痛苦

痛苦會以許多不同的方式呈現。通常人們會試著去隱藏，希望這樣痛苦就會離開，或者用醫療的方式掩蓋過去。但是忽視你的身體，只會使身體更努力去得到你的注意：你的身體在呼求你的幫助。

為了要療癒痛苦源頭的思想與信念，你必須直接與痛苦面對面。其中一種處理方式就是去改變你對這個情境的觀點，也就是不要向它屈服！譬如你的手腕受傷時，與其專注在手腕受傷這個事實，不如試著去感受你的手腕有很多的「覺受」。這可以幫助你度過那些不愉快的經驗，讓你專注在療癒你的心智與靈魂，對於痛苦的療癒將隨之發生。

我希望你可以在接下來這些康復的故事中得到啟發。

破碎的身體與重建的生命

瑪蒂絲，合格按摩師與頭薦骨治療師，加拿大

我一九八七年在佛羅里達州度假時，發生了嚴重的機車事故，我的生命在那一瞬間改變了。迎面的撞擊讓我全身是傷：我的右腳踝整個碎掉、右腿骨摔斷，右膝有四處裂傷、韌帶也斷了；脊椎有兩處骨折、肋骨和胸骨都斷了，右手也有兩處肌腱裂傷。我的頸部也嚴重扭傷，還有軟組織的傷害，更不用說那些撕裂傷，以及刺進手掌、手臂與腿中的碎玻璃了。

在這之前，我是個活躍而獨立的二十四歲服裝設計師。我對身體所知有限，只知道如何按照身形來創造衣服。大致說來，我過著相當無意識的生活，覺得自己並沒有走在我真正的道路上。現在我在醫院裡，準備進行七個手術中的第一個，在接下來四年裡我將會逐步進行這一系列手術。

就在發生意外之前，我拿到了幾本書，其中一本就是《療癒你的身體》。在康復期間，我沉浸在書頁中，學習到何以改變想法就能改變人生。我知道前方有段很長的復元之路要走，而我的想法（不論正面或負面）將會影響復元的進度。我讀到關於肯定句的力量，在醫院裡就開始練習。我不斷複誦：**每天，我在各方面都變得越來越好，更強壯，更健康。**

我在兩週後出院，整隻腿和手臂都打上石膏，還得坐輪椅。我原先是用前臂枴杖，後來是手杖，接下來好幾年我不停地和醫生、專家及治療師約定診療，而他們對我的預後診斷並不樂觀。

我的肯定句幫助我處理了身心靈上的突然變化（當然還包括我的生活），並協助我持續專注

在前進的目標上。有個要在我的手掌前後施行的雙重手術令我特別緊張，在被麻醉之前，我一直重複這句肯定句：**我幾乎沒有痛苦、快速輕易地康復**。結果真的就是如此！那是我經歷過最複雜的手術之一，但我幾乎沒什麼痛楚，而且迅速復元。

我繼續治療因這場意外所造成的傷害，現在我的狀況非常好。因為這次經驗，我決定回學校念書，成為一名合格的按摩與頭薦骨治療師。我將肯定句融入工作，來輔助我的個案去了解想法如何影響生活與健康。我執業至今已經十六年了。

露易絲，謝謝妳，我永遠感激妳！

安妮，整體健康諮商師，內華達州

拿回健康的自主權

以大部分人的標準來看，我生命中過去幾年可說是醫療的惡夢，我卻視之為療癒的旅程，領我去探索生命的目的。

這一切始於一九九二年，我因為子宮外孕，得動手術移除右邊的輸卵管。兩年後，我動了另一個內視鏡檢查手術，以評估是否會不孕。不幸的，這次過程造成我的小腸阻塞，我被緊急送往急診室進行第三次手術。醫生從我體內移除了兩呎半的小腸，並燒灼小腸，從我的輸卵管切掉結痂組織。我待在加護病房三週，幾乎快死掉。

當我終於離開醫院時，只有三十六公斤。我的小腸並沒有完全被治療好，因此無法消化食物。此外，我經驗到痛苦的經痛、流量也很大，還有慢性腹瀉及貧血。我瘦骨嶙峋，還會掉頭髮。長期久病在床，我感覺很虛弱、孤單、害怕，又很沮喪。我有兩年都在這樣的狀態裡。

醫生說我不會再有生小孩的機會，而他們也無法再治療我了。我身心交瘁。在這樣的痛苦與困惑之中，我碰到了《創造生命的奇蹟》。閱讀這本書時，我不再感到孤單無助。我每天閱讀露易絲的肯定句，幫助我度過無盡痛苦的夜晚。她的訊息非常清楚：**如果你願意做這個練習，任何事物都可以被療癒，而療癒始於愛你自己。**

因為這本書的啟發，我在三十二歲時做了一個有意識的決定：拿回我健康的自主權。我開始做針灸與草藥的另類療法療程，進入整體療癒中心，那裡融合了瑜伽、太極、氣功、靜心、觀想，還有大師級治療師的能量療法諮商。感謝正面思考、運動及特殊飲食，我的症狀兩個月後就消失了。我又再度懷孕了。雖然又是子宮外孕，卻顯示我的身體已經從我所做的這些治療裡痊癒了。我能夠再度懷孕真是個奇蹟。

我在亞利桑那州的瑟多納成為合格的能量治療師與整體健康諮商師，也在那兒與我的心靈伴侶米奇相戀。後來我們結婚，領養了美麗的女嬰艾莉安娜。她是神賜給我的禮物。

我參考露易絲的導引手冊《療癒你的身體》，每天在我所有的課程裡使用她的肯定句。我是露易絲所教導的真理的最佳例證：藉由愛你自己並釋放過往的限制性信念，你可以在任何健康限制下療癒你的身體。

像個全新的人一樣跳舞

席拉，學生，以色列

幾年前，我決定要追隨夢想，開始學習舞蹈。我第一年在一間專業學校習舞，那真是個讓我驚歎的地方：每天早上以芭蕾舞開始我的一天，下午在練舞室跳舞，在不同的課程中延展我的身體。

在第二學年開學之前，我開始感覺到下背部的疼痛。當這個疼痛持續並且越來越痛時，我去看了醫生。X光片顯示我有椎間盤突出的問題，我實在非常驚訝。我在網路上閱讀所有相關資訊，發現這是個「不治之症」，會永遠跟著你。雖然可以用手術切除，但可以確定的是，你終其一生都會疼痛受苦。這個消息就像是地震，當我了解到自己再也無法跳舞時，難過得不得了。

當我再度回到學校，便試著去上課，然而我就是做不到。我坐在練舞室角落裡想著，**為什麼會發生在我身上？**有個特別的醫生以按摩方式治療我，但似乎也不太管用。我像鬼魅般四處遊走，直到我的朋友愛德娃把我叫到一旁，認真跟我談了一會兒：她帶了《創造生命的奇蹟》給我，要我承諾一定會看。

我花了一週在家裡讀這本書、做書中的練習。當我第一次站在鏡子前，要對著自己說我有多愛自己時，我根本就做不到。每當我必須告訴自己，我願意放下所有將我帶到這個情境的事物，我就開始哭泣。但是我繼續練習露易絲建議的方法：我隨時覺察我的想法；我開始寫正面的信給自己，每天告訴自己三百遍我有多愛自己；我靜心；我試著去寬恕。然後慢慢的，但是很確定的，我又開始微笑了。

在經歷這本書的過程不久，我的醫生說他覺得該是用新方法來治療的時候了。就像魔術一樣，才不過一星期，我就再也不覺得疼痛了。我回到練舞室，像個全新的人一樣跳舞，因為我知道我已經療癒了自己！

露易絲，謝謝妳！

狄翁娜，室內設計師，加州

我是自己最好的治療師

我在一九九四年發現了露易絲，從頭到尾一字不漏地閱讀《創造生命的奇蹟》好幾次，因為書裡所表達的概念，對我來說非常具革命性。即使我以前聽說過身心連結，但「我可以改變我的想法，繼而改善我的健康」這個觀念，卻讓我震懾不已。

當時我正深受右手腕的腕管綜合症所苦，日常生活受到很大的影響。當我知道很多人動手術的結果都不甚理想，我決定試試露易絲的肯定句，反正也沒什麼好損失的。我每天複誦數百次，只要我是在安靜的空間裡，就會記得去做。一週內，我的手腕開始比較好了；兩週後，痛楚消失了，我可以再次正常使用我的手腕。從那之後，我的手腕就再也沒有問題了。

我會永遠感謝露易絲，謝謝她幫助我去看到我是自己最棒的治療師。謝謝她以如此充滿愛與啟發的方式，照亮了我的道路。

我所需要的顛簸

瑪格麗特，瑜伽治療師與工作坊領導者，瑞士

乒！乒！碰！有天我在開車時聽到這樣的聲音，我能想到的只是：**喔，天啊！發生了什麼事？**我感覺我的身體被前前後後推撞了好幾次，有輛車子在後面追撞我。接下來的幾天裡，我察覺到各種不同的痛楚與疼痛，特別是在頸部和肩膀的部位。我也無法工作，代表著我錯失了原本的升遷機會。我告訴自己，**我的人生已經毀了**。當我一直對自己這麼說時，這個毀壞就顯現在我的身體和生活裡。我的身體對我叫囂，我感覺非常孤單，對發生這樣的事感到糟糕透頂。

漸漸的，我的療癒和轉化開始了。我開始改變我的想法和生命。《創造生命的奇蹟》大大影響了我，這本書幫助我了解到，是我自己在決定要如何感覺與思考。我參加了放鬆課程，即使一開始我覺得放鬆真的很困難，仍然繼續上課，因為我知道這很重要。然後似乎像是「卡嗒」一聲，我發現了其中的樂趣。

我開始對非傳統醫療有興趣，為了自療而發現整合療法的好處。我學習阿瑪指壓療法（譯注：源自日本的整骨療法），只是為了去看看到底是什麼幫助了我，但從來沒想到這會導引我轉換職業。我也閱讀很多自助類書籍，參加許多工作坊，包括第一屆在拉斯維加斯舉辦的「我可以做到！」大會。我靜心、練習許多肯定句，大聲說出來、唱出來、寫下來，全是為了（有時候甚至是拚命地）試著聽到我內在的智慧。我列了一份感謝清單，直到感激成為我的第二天性。即使我是個極

為獨立的人，也開始尋求協助來開展自己的事業。鏡子練習證明了這是開啟我個人新事業極為有效的方法。

這些年來，我的生命在許多方面都徹底改變了。我成為個人發展工作坊的領導者，阿瑪指壓、頭薦骨療法的治療師與瑜伽老師。我對自己許下承諾，要去榮耀與珍視我的生命，並且跟隨我的心。我持續地肯定、確認：**我的生命會一直更好**，而這也成了我的實相。我也在想，**在我的生命裡，我從沒比現在更為健美、強壯、更有彈性……**而我確實是如此。

現在我住在瑞士，住在夢想中的房子裡，和我摯愛且支持我的伴侶在一起，身邊都是熱心助人的朋友與鄰居。我在世界各地工作，幫助人們去擁抱自己的活力，來創造生命中想要的事物。我感受到在許多方面都受到真正的祝福。我的車禍給了我所需要的顛簸——我體認到這是給我的禮物，幫助我去發現喜悅、成功與滿足。

伊瑞達，退休人士，委內瑞拉

力量在我之內！

二〇〇四年一月底，我的女兒柔瑪帶我去參加一個健康課程。我走進去的時候，有位講師問我：「妳為何在這裡？」我告訴她，我想要擺脫我的頭痛，然後她說：「我們做得到。」這位講師推薦了許多本書，其中一本就是《創造生命的奇蹟》。

有個朋友借給我那本書，但當我開始閱讀之後，我根本就停不下來。我在五天之內就看完了整本書，即使如此，我並不是個囫圇吞棗的讀者。我開始不斷練習肯定句，也愛極了我說出肯定句時所帶來的感受。在我那年的生日，我女兒送了一本專屬於我的《創造生命的奇蹟》和《療癒你的身體》。我非常開心。

我對露易絲越來越感興趣，因此又買了她的其他本書。我開始注意到生命中的改變。譬如我以前會依賴藥物來對治頭痛，現在我甚至連藥都不買了。取而代之的是，我喜歡說肯定句：**我認同我自己，而力量在我之內。**

感謝神給我這個機會去學習這些美妙的事物，感謝露易絲提供的訊息。我非常仰慕她，希望她能繼續分享她的正面思想給每個人。願神祝福她。

沙里，顧問，帝尼達與圖貝果

萬事萬物的恩典之流

我二〇〇〇年六月去拜訪一位朋友的時候，在她桌上看到一本封面很鮮豔的書。這本書就是露易絲的《創造生命的奇蹟》。我從沒聽過這位作者，但很喜歡這本書的封面，就把它借了回去。

我三不五時就翻閱這本書，而且對「清單」特別著迷，上頭羅列了健康問題和其可能原因之間的連結，並建議一個「新的思想模式」。之後這份清單就變成了我的救生索。

該年十二月，我去做了一個「簡單的例行性手術」，移除了左邊卵巢的囊腫。八小時後，我極度痛苦地從麻醉裡醒來。長達一週，我的胃都是腫脹的，直到此時我才意識到不大對勁。我開始猛烈嘔吐，造成食道潰瘍及出血，而身體左半部也處在極度的痛楚之中。在我被送到急診室後，醫師初步診斷我的腎臟已經受到感染。

經過幾週的困惑與苦惱，醫師最後診斷出原本要移除囊腫的雷射，竟到處「誤射」了我的內臟。結果造成被刺破的膀胱、受損的腎臟、無處可流的尿液進入了我的陰道與小腸，以及完全損壞的輸尿管——也就是說尿液也在我的體內滲漏，並漸漸導致敗血症。

接下來的幾週是一團混亂，在尿袋、腿部抽筋、痙攣、麻藥、嗎啡、可待因、腸子不適、靜脈腎盂造影、電腦斷層掃描、支架，以及探查性與更正性的手術間度過。切除子宮或得終生攜帶糞袋的可能讓我覺得非常低落，越來越低落，最後降至谷底。我做了一些奇異的夢，跟我已過世的母親、我的指導靈，甚至是大天使拉斐爾有關。眼淚與祈禱是我唯一的安慰，每時每刻我都度日如年。

幸運的是，在這所有一切之中，能量與時間似乎在我的四周凍結了，我可以看到宇宙（或者說萬事萬物的「恩典之流」）在完整運作著。我了解到每個人都扮演了一個療癒的角色，他們要不是已經在我的生活裡，就是曾經不凡地進入我的生命，包括給我力量與支持的親友、有耐心的護士與溫柔仁慈的護士助理，以及那些真正造就不同的醫師——他們了解到，原來自己是某個更偉大的事物（或人）用來創造奇蹟的工具。

度過危險期後，我才想起「清單」，便重新翻閱露易絲的書。我看到我的健康危機與念頭之間的關聯，了解到我可以選擇療癒自己……而我也這麼做了。我選擇讓身體回復青春，回到正常的運作。我選擇微笑與大笑。我選擇活在沒有袋子，也沒有支架的存在中。我選擇從這裡學到教訓並成長，選擇全然地寬恕。在這些年後，現在我是真正健康且快樂的！

我選擇喜悅地活著並往前邁進

蓓渉妮，作家，佛羅里達州

我在二〇〇六年夏天來到生命中有史以來的低點。我的心很痛，因為我活在完全的孤立之中，困在身體與情緒都被虐待的關係裡。我的身體與靈魂都已分崩離析、四下潰散：我的纖維性肌炎非常嚴重，令我幾乎無法行走。大部分時間我都臥病在床，日復一日試著找出我到底哪裡出了問題。

當我的伴侶（也就是那位施虐者）在家時，我會想著我是多麼希望可以制止他，卻不知道該怎麼做。我很害怕一切都太遲了，這讓我非常恐懼。有天晚上我發現自己已經來到了生命的谷底，我知道必須要選擇活下去還是死亡：我選擇了活著。

隔天，在神的運作之下，我很幸運拿到了《創造生命的奇蹟》。我開始閱讀，心中立即燃起了火花。當我讀到肯定句的部分，我很興奮，開始療癒我的生命。我立刻開始練習肯定句。我上癮了！整天都在複誦肯定句，包括：**我愛我自己，我的身體正在療癒，我原諒我自己與他人**，以及**我信任生命**。

我慢慢有力量停止這些虐待，完全離開這個男人，而且我知道該是往前邁進、在生命中創造美麗事物的時候了。我有很大的夢想，有份很棒的工作在加州等著我——唯一讓我躊躇不前的是我的膝蓋。即使我的身體比以前健康，我的膝關節卻還是沒有痊癒，不是完全不能走路，只是還有困難。

我又再次被露易絲的書所吸引，馬上就翻到關於膝蓋的那一頁，而膝蓋問題代表著沒有彈性。我了解到我抗拒改變，因為我害怕往前邁進。**難怪**，我想，**因為我所走的每一步，似乎都帶著我走向我不想去的地方**。那天我重複念著這句肯定句：**我是有彈性且流動的**。我隔天醒來時，便把助行器放在人行道上，開始輕鬆慢跑。你可以說這是神蹟，或者巧合，而我說這是真正的**奇蹟**。我的膝蓋自此被治癒了！

隔週我就搬到加州。在我生命中第一次，我的靈魂自由了。不久前，我所有的夢想都開始成真。我現在是個作家。我原本以為已經永遠熄滅的內在火燄，現在正熾烈地閃耀著（而我現在還是每天繼續念誦肯定句）！

露易絲，對我來說，妳永遠是最棒的典範，非常感激妳的書對我的生命造成的影響。

關萊妮，教師，紐西蘭

我是我自己的奇蹟！

我環遊世界的時候，遇到了真正一拍即合的男人。我們決定只要兩人之間仍有樂趣，就繼續長相廝守——我們的計畫就是沒有計畫！我們經歷了很棒的冒險，並且結婚了。定居紐西蘭後，我們生了一個漂亮的小女孩（現在已經七歲了）。一切都很好，但是我很想念千里之遙的親友，如果可以，我就會回家探視他們。

有次我回去探視親友時，我母親要求我回家，好就近照顧年老的她。和先生討論後，我們同意這麼做。然而，我哥哥卻完全不同意，他說我根本就不被歡迎。他用言語猛烈攻擊我，我哭得像個嬰兒一樣，質問他怎麼可以對親人這樣說話。我完全無法了解他的憤怒，感到身心交瘁。

回到紐西蘭後，我的先生、女兒和我搬進了新家。當時我就感到很疲倦，但因為正在搬家，我並沒有留意。我仍然因為哥哥說的話感到受傷，另一個事實是，從那之後我的家人就再也沒有跟我聯絡了。我非常沮喪，火上加油的是，我的關節越來越疼痛。最後演變成嚴重的風濕性關節炎，這是一種退化疾病。**事實上我的身體是從內在去侵蝕自己……**我相信那些卑鄙可怕的話語正在將我侵吞殆盡。

我變得幾乎沒有行動力，即使是換衣服都需要幫忙，最後醫師開給我的藥方是「超級藥丸」，好減緩我的痛楚。我以前從沒吃過一顆阿斯匹靈，現在卻得仰賴藥物。我的身體讓我非常低落。我對自己感到很失望，覺得自己毫無希望，承受了極大的壓力。

有天當我讀著《創造生命的奇蹟》，似乎被觸動了心弦。我了解到我腦中所想的，和我的世界裡發生的事是有關聯的。藉由寬恕我哥哥，我開始了療癒的過程。我放掉那些傷痛與憤怒，重新將注意力導回到自身。我不再去看那些我再也不能做的事情，反而列出所有我**可以**做的事。我開始寫感恩日記；我改變我的詞彙，有意識地使用詞語；我告訴我的身體，身體康復是件再自然不過的事。

漸漸的，我開始和我的內在存有連結接觸。我重新將注意力放在身體裡的億兆個細胞上，它們一直不斷改變、修復並改進。我的身體知道要做什麼。不久前，我的身體開始不痛了，最後我也不再需要吃藥。我再也不會視自己的狀況為不治之症，我看起來也快樂許多。

現在我的病症已經好多了，而且活得很充實。我相信自己的能力，允許美妙的事物發生，我就是自己小小的奇蹟！

貝琪，教師，以色列

生活的藝術

我是我所是——多麼美妙！當我在以色列北部美麗的卡媚爾森林度假中心，帶領「愛你自己，療癒自己的生命」教師訓練工作坊時，我的心在歌唱著這個訊息。

我出生於智利，父母是荷蘭人；我母親的家族在第二次世界大戰的猶太人大屠殺中全都遇害了。當我還小的時候，我喜歡聽父親如何因為看到母親的照片就愛上她的故事。我的靈魂選擇在生命早期有個充滿愛的環境，我充滿了喜悅與自尊。我是個演員、舞者、音樂家與畫家。我記得我的初戀、在屋頂上跳舞、感覺到自身美麗時的那種興奮。

到了我十一歲時，感染了醫生以為可能是小兒痲痺症或腦膜炎的疾病。我記得父親把我揹到樓下坐在安樂椅上，在那裡等著一直沒出現的朋友。顯然，他們很害怕我的病會有傳染性。我從意識裡消除了重新學習走路的過程（或者我曾經這麼做過嗎？有很多次我覺得自己就要摔倒了，但我並沒有）。我還記得不管是在學校、工作或關係上，每次只要開始新事物，我都非常害怕。

我十六歲時，父母帶我們移居到以色列。跟智利多采多姿的生活比起來，這個國家的心態、饒舌拗口的希伯來文和無趣呆板的宗教學校，是我覺得最難適應的地方。我以恐懼、困難與批判的眼光來看待這個世界，並學習去隱匿我的創造力。那個喜悅的小女孩到哪去了？

我學著去給予我以為這個世界所想要的事物，但我的不安全感增強時，就創造了很深的痛。當我三十歲的時候，我是個神經質又不快樂的妻子和母親，對這個宇宙很憤怒。我最小的女兒出世後，我的身體像是經歷了一場地震。我的右腿開始萎縮，後背非常疼痛，對服用的藥物都感到反胃。我還很年輕，卻又再次不良於行——在這麼多年之後，我的細胞還記得童年時期生病的痛楚。

然而學生準備好時，老師就出現了。我是如此渴求改變，便開始信任神與自己，並繼續探索各種療癒法。我從台拉維夫一路旅行到聖地牙哥，只為了去上露易絲的生命訓練課程：「創造生命的奇蹟」。

我回來時，變成完全不一樣的人。我可以決定我的念頭，每當我的心智喋喋不休，我會告訴自己，**不要再有第二個想法！**藉由選擇對生命的回應，我拋棄了罪惡的旅程。在深深的內在裡，我知道我做得到。兩週後，我的生命轉變到決定要在以色列教導露易絲的方法。我離開家族事業，將自己奉獻給愛。

我的身體慢慢開始改變。當我致力於愛自己，痛苦就消失了。現在我不再需要藥物，失足墜落的影像也已消褪。我抬頭挺胸地走路，不再鬆垮無力。生命即使仍有挑戰，卻是如此美妙，因為我的觀點已經完全改變。現在，我希望把這些美妙的療癒方法傳布到世界各地。我們擁有多麼大的力量，得以療癒自己美麗的靈魂！

寬恕母親後，腎結石自動排出

派翠西亞・安，守衛，愛達荷州

大約十年前，當時我正在醫院裡。我兩邊的腎都有結石，其中一個已接近衰竭，我病得很重。醫生在我身上試過三種手術，但有兩顆大結石卻一動也不動。這時，有位好朋友帶給我《創造生命的奇蹟》。一開始我很抗拒，但是我病得這麼重，也沒有其他更好的事可以做，於是我拿起書，慢慢以我的方式去閱讀。在過程中，這位美麗的女士打開了我緊抱著過往的眼界，尤其是我的童年。我決定該是寬恕母親的時候了。她在我小時候拋棄了我，於是我一直複誦與此相關的肯定句。然後我**真的**寬恕了我的母親，並親自告訴了她。

不久，我其中一位診治醫師問我是否已排出那兩顆結石，我說我不記得有這回事。他告訴我這兩顆結石是不可能就這樣憑空消失的，如果已經被排出來，我一定會感覺到才對。他無法相信自己的眼睛，但我現在都還是好好的。

我知道是肯定句與寬恕幫助我排出了腎結石。之後，我一直努力去改變並放下。謝謝露易絲，還有帶給我那本書的朋友。我陸續找到其他像露易絲這樣的作者，來打開我的眼睛，去看見心靈的意義，現在我覺得棒極了！

蓋兒，企業主，加拿大

我的痛苦已不知所蹤

露易絲用許多隱微的方式觸動了我的生命。我在十多年前認識了她，之後她便帶領著我發現了賀書屋的其他作者，他們全都大大啟發了我。兩年前，我真的很需要那樣的啟發：四十歲的我正經歷離婚，被一個時常以言語虐待批判我的丈夫折磨到快沒有自尊。嚴重的關節炎令我幾乎無法行走，也很容易碰傷。他決定要離開我，因為我「又病又懶」。我們育有三名年幼的孩子，還有共同經營的公司（他為了一個我在夏天雇用的二十二歲臨時員工離開我，更是在我的傷口上灑鹽）。我感覺跌落到谷底，整個世界都已經粉碎。

我因為關節炎服用五種藥物，慢慢覺得有些好轉了。露易絲的書和CD在那時候給了我許多撫慰，幫助我振作起來。我決定要找出原因，到底為什麼這些事情會發生在我身上，並在這些情境裡去看到其中的祝福。

不久前，我才了解到婚姻是要我告訴自己，**我再也無法忍受了**（譯注：stand是忍受，也是站立之意）。就像露易絲說的，要小心你的話語！我的身體最後就遵照我的意思無法再站立，而我的關節炎就是從腳開始的。但我一開始應用她的教導，療癒的水閘就彷彿被打開了。

我很快就覺得好多了，我詢問醫生是否可以減藥，但他說絕對不行。然後我參加了二〇〇五年在拉斯維加斯舉辦的「我可以做到！」大會，這是我第一次參加（之後我又去了四次）。我跟一位朋友一起去，那裡真是棒透了！在回家的航班上，我記起露易絲的話：「它不知從何而來，所以就把它送回那不知名之處吧。」那就是我把我的關節炎送回去的地方：送回到那不知名的地方，我再也不需要它了。兩個月之內，我戒絕了藥物治療並告訴醫生：「謝謝你的幫忙，再見了。」現在當我覺得痛苦或不舒服時，我不再害怕，只是問自己，生活中發生了什麼是需要我去處理的。**我仰賴身體來告訴我，而它一直都會回應。**

我的生活現在很棒。我很高興離婚了；那個原本對我很壞的男人，轉而成為我所能求得的最好的前夫。我們還是每天一起工作，撫養我們的孩子，沒有任何爭吵。我現在和新的愛人訂婚了（這真是神奇，**在我學到對自己更好之後，生命也對我更好了**，謝謝露易絲）。而最好的部分是，我已經帶著十四歲的女兒去見了露易絲兩次。她就和我一樣喜愛露易絲和賀書屋。露易絲，謝謝妳的愛與幫助，謝謝妳帶來這麼多美妙的作者，讓全世界都能共享。

譚雅，教師，英國

無條件的愛自己

我一直以來膝蓋都不好，即使是這樣，我小時候還是會定期去跳舞。當我還是小女孩時，便夢想著在舞台上跳舞，但是我告訴自己，我的膝蓋永遠無法讓我夢想成真，理由是：「這是遺傳。」

我一直跳到十八歲，把右膝蓋都弄壞了，連走路都沒辦法。我被送進醫院，得到一副枴杖。我就要去念大學了，卻得依賴枴杖三到四個月之久。我做了四個月的物理療法，最後又能再次正常行走。

三年後的某日，我在一間水晶店裡，當時我有些背痛。店主人替我做了水晶療癒，並建議我去看《創造生命的奇蹟》。我買了這本書，立即查看我得過的所有相關疾病，結果還滿多的（我小時候很常生病）。我對書中的話很有共鳴：我在有條件的愛裡長大，身邊的每個人都對自己和他人非常批判。我開始學習愛自己，沒想到竟是如此困難。我每天都練習肯定句（直到現在），最常用的一句話是：**我全然地愛自己並接受自己**。這句有力的聲明提醒我，不管別人對我說什麼或做什麼，我**永遠**都愛我自己。

療癒的過程比我期待的要漫長許多，但是就從邁開一小步開始，譬如說出肯定句，就真的很有效。我已經很久沒感受到被愛或被接受，而我一直都在尋求別人的意見與認同。在我了悟到要無條件愛自己時，生命因此而改變了。

現在我的膝蓋偶爾還是會痛，但是當我納入情緒、說出肯定句後，痛苦就離開了。在「小我」想要接管、並說我不值得的情境或衝突之後，我就會送出愛的能量到心臟和膝蓋，並提醒自己**我是值得的**。最近我甚至開始跑半程的馬拉松，那是我有生以來跑得最遠的一次。我好驕傲！

幾年前，我根本不敢想像我能跑這麼遠。很多人問我膝蓋是否會痛，但一點也不會。是的，我還有點肌肉痠痛，但是沒有疼痛。我非常高興可以感覺如此強壯和健康。

當露易絲說「你可以療癒你的身體」，而且「你可以療癒你的生命」時，她是說真的。我有了新的生命，以及一副快樂健康的身體。我覺得自己是完全不同的人！對於露易絲，說再多的感謝都是不夠的，謝謝她教導我愛的力量。

格蕾蒂，演員與生命教練，紐約

全面啟動深刻全然的療癒

十個月前的某個星期六早晨，我在淚眼婆娑中醒來。稍微嘗試轉個頭，疼痛就從頸部飆升至頭部，再反彈回喉嚨。在我的頸部和啜泣之間，彷彿上演著血淋淋的謀殺，光是從床上起身就花了我十多分鐘，但感覺好像更久。無論如何，我還是把自己弄到了整脊治療師辦公室，他診斷我有個神經被壓到了。

到了星期天，痛苦一點都沒有減緩，然後我想也許閱讀或看點有啟發性的東西，可能會幫助我療癒。想到我有片全新的《創造生命的奇蹟》ＤＶＤ還未拆封，便打開來坐下觀賞。影片播畢，我的電腦裡已經有剛剛觀影時記下的筆記，火燒般的渴望在我心中升起，想立即聲明我的健康，讓痛苦消退。當晚，我因為劇烈疼痛而哭泣不止。我稍微做了些療癒和釋放的祈禱，卻完全不知道我的祈禱會多快應驗。

隔天早上醒來時，我清楚地知道，不管生命中發生了什麼，原來這個瞬間的痛苦就是要給我機會去學習快樂。換句話說，這是個心靈的體驗，不管價值為何，我都需要去探索。

那天我是不可能去上班的，便決定要過個有建設性的一天，主動去增進我的療癒。我從複習《創造生命的奇蹟》開始，跟著露易絲的靜心CD來練習。我練習肯定句、祈禱、靜心，把想法記在日記本裡……即使這些練習最後常常是在瞌睡中結束（記得嗎，我無法把我的頭抬起來）。我深刻覺知到並深信自己很健康、美好。

當晚我上床睡覺時，就很確定療癒不只已經開始，而且是全面啟動了。我在露易絲CD的聲音裡睡著，確信我的力量就在當下此刻，而且所有一切都是美好的。隔天早上醒來時，我知道我的狀況變好了。沒錯，深刻全然的療癒正在發生，頸子上原本的僵硬感已經完全不同了！我躺在床上笑了出來，我可以稍微向左轉一點，向右動個幾吋了。我知道藉由修正自己，傾聽露易絲給我的指引，就能啟動自身弘大的療癒潛力。

是的，十個月前，我醒來時頸部僵硬疼痛，卻變為最美妙的禮物。雖然看起來不像是我想收到的禮物，卻將露易絲話語中驚人的療癒潛力給了我，讓我在更多無法想像的方式中成長！

與露易絲一起練習

我不會自稱是治療師。我沒有治療任何人，只是教他們去愛自己。他們才是真正在做療癒工作的人。然而，這並不是說人們什麼事都得自己來！

請求朋友、家人與專業醫療人員的支持，並不是軟弱。只要記住，療癒的道路必須從內在開始。如果你不接受心智的健康，就無法接受身體存在的健康。接下來的練習會幫助你檢視關於痛苦和身體的信念，在另一張紙或筆記本上寫下答案。

對身體的感覺

盡可能回答以下問題：

- 當你還小的時候，你怎麼看待你的身體？
- 關於人體，你的父母教了你什麼？

・如果你可以改變身體上的任何東西，那會是什麼？

對痛苦的信念

接下來，盡可能開放且誠實地回答以下問題：

・對於你的身體與所感受的痛苦，你最負面的想法是什麼？
・這些想法從何而來？
・你願意釋放這些想法嗎？

鏡子練習

看著鏡子說：「**我願意愛我的身體。**」重複說幾遍，每次賦予不同的意義、強調不同的重點。你同意這個聲明嗎？為什麼同意或不同意？

再次看著鏡子，並說：「**我釋放任何不滋養我，以及不支持我的事物。**」當你這麼說的時候，去注意你身體的感覺。

放下

當你讀到這裡，請做個深呼吸。吐氣時，允許緊張離開你的身體。讓你的頭皮、前額與臉部放鬆。閱讀時，你的頭不須處在緊繃狀態。讓舌頭、喉嚨還有肩膀放鬆。你可以用放鬆的手臂和手拿著書。現在就這樣做。讓你的背部、腹部還有骨盆腔放鬆。當你放鬆手腳時，讓你的呼吸處於平和之中。

當你閱讀上一段時，是否感受到體內有明顯的變化？在這個放鬆、舒適的姿勢裡，對自己說：**「我願意放下。我釋放。我放下。我釋放所有的痛苦。我釋放所有的緊張。我釋放所有的不舒服。我釋放所有的恐懼。我釋放所有的憤怒。我釋放所有的罪惡感。我釋放所有的悲傷。我釋放所有舊有的限制。我放下，並處於和平之中。我與自己處在和平之中。我與生命的過程處於和平之中。我是安全的。」**

請練習兩到三次，每當痛苦的念頭升起時就重複。很快的，這個練習就會成為你的一部分。不管你的生命發生了什麼事，你都可以達到這種和平的狀態。

肯定句的力量

若想抵銷任何支持痛苦的信念，肯定句是非常強大的工具。寫下肯定句能強化它的力量。在另一張紙或筆記本上，寫下關於身體的正面肯定句二十五遍。創造你自己的肯定句，或是使用底下所列出來的任何一句。

肯定句

- 我在我的心智中創造和平，而我的身體會反映出來。
- 我充滿了生命、能量與生活的喜悅。
- 我的身體是完美健全的，我享受每個新的時刻。
- 我聲明我自己的力量，並且充滿愛地創造自己的實相。我信任生命的過程。
- 我充滿愛地照顧我的身體、心智與情緒。
- 我對自己的生命負責任。我是自由的。
- 我愛我的身體。我愛我自己。一切都美好。
- 我能輕易處理所有新的經驗，並充滿喜悅地將之納入我的生活。
- 做我自己是安全的。
- 我看見我的模式，我選擇做出改變。
- 我願意超越自己的限制。
- 我現在選擇去創造一個強壯與完整的身體。我是自在的。

- 我能輕鬆釋放不再需要的一切。我值得感覺美好。
- 我迅速、舒適而完美地痊癒了。
- 我的身體想要健康。我傾聽它的訊息，仁慈以待。
- 在我充滿愛的世界裡，我創造喜悅的經驗。
- 我釋放批判自己身體的需要。
- 我願意去創造關於自己與生命的新想法。
- 每天我都越來越強大。
- 我喜愛並珍視自己。我仁慈溫柔地和自己在一起。

痛苦與受傷的處方箋

我的身體是我的好朋友，我體內的每個細胞都有神聖智慧。我傾聽身體要告訴我的話，深知其建議是真確的。我永遠都是安全、受到神聖保護與指引的。我選擇健康與自由。在我的世界裡，所有一切皆美好。

第三章 克服上癮

讓人上癮的東西並不限於藥物和酒精，賭博、購物、食物，甚至是關係都可能成為癮頭。通常若我們無法從自己身上感受到愛或認同，便會轉從他處尋求。有時我們會責怪他人或某些狀況讓我們變成現在這個樣子，但是過往的一切都不如當下的選擇來得有力量。

當你真的渴望改變，你可以為了自己而讓它發生。當然，你不必孤軍奮戰。朋友、家人、專業心理輔導人士和支持團體都可以幫助你。

我希望你會因為以下的故事而受到啟發，並被故事主人翁的力量所感動。

在生命的遊戲中起舞

克萊兒，珠寶商與激勵教師，紐西蘭

當我在衣衫不整、全身瘀青的狀況下醒來，我才剛慶祝完我的生日。這次戒酒的戒斷症狀比以往都還要強烈，幻覺令人恐懼，我變得很偏執，甚至無法踏出家門。

我十四歲就開始喝酒，因為我非常害羞內向，而酒精是逃離世界的完美藥方。十年過去了，我現在處在完全的絕望之中。在我二十四歲生日後兩天，我男友試著要勒死我——還好我室友剛好回家，阻止了一切。我逃出來後就再也沒回去過。無家可歸、失業、長期的性虐待與上癮經歷，讓我身陷谷底。我是如此害怕，自殺看來是個不錯的選擇，但我就是做不到。

我所擁有的就是一袋衣物，還有《創造生命的奇蹟》。當我開始閱讀，一扇通往全新世界的大門就打開了。書中有個東西和我的靈魂共鳴，感覺起來就像是真理。我受藥物和酒精影響已長達十年，也憎恨自己為何少不了這些東西，然而我立刻就到康復中心登記，來處理上癮的問題。

我非常沒有安全感，即使只是過街，也會全身顫抖。我開始專注地練習肯定句，將句子寫下來，看著鏡子說出來，接著在康復中心人們的面前說。他們覺得我瘋瘋癲癲的，但是我非常肯定地知道：這就是我必須要做的事。

幾個月之內，我注意到自己有很大的變化，而別人對待我的方式（我知道那是我要為自己負責的）也有了很大的改變。我開始看見內在的對話如何創造了我的實相。因此，我學到要如何看待過去、負起責任並改變觀點，在我以為悲慘的過往中找到禮物。露易絲的書就是我彩虹盡頭的寶藏。

我還在持續成長與進步，也仍舊在靜心時全心全意練習著肯定句。我現在傾聽我的靈魂，很驚奇地看到大門因此而開啟。我從一個經歷憂鬱、不正常、無家可歸、無法工作的人，成為受到啟發、有力量並自由的神聖靈魂，這靈魂擁有人類的經驗，在生命的遊戲中起舞。我現在想運用我學過的工具來協助上癮者，我覺得自己很幸運，能幫助他人找到內在的神聖之光。

泰瑞莎，藝術家與作家，奧瑞岡州

我成功戒菸，也釋放了被批判的需求

我是個輕度吸菸者，斷斷續續抽了三十年。然而我五十歲離婚的時候，有幾年我變成每天一定要抽一包菸，我絕對是上癮了。我戒不掉，也不確定是否真的想戒，但為了健康，我**必須**這麼做。

我買了一種能抑制尼古丁渴望的處方藥，非常昂貴。額外的好處是這種藥要一個月才會產生效果，所以這個月我可以繼續吸菸。服藥後兩週，我仍舊吞雲吐霧，懷疑自己到底要多久才戒得掉。其實我根本就不想戒菸。

當時《創造生命的奇蹟》就躺在我身邊，我記得她書中有個「吸菸區」，就直接翻閱，上頭寫著：

你可能會問自己一連串的問題，像是：「我願意放棄不舒服的關係嗎？我的香菸是否創造了一重煙幕，所以我看不到這些關係有多不舒服？我為何創造出這樣的關係呢？」

這些問題就像是一噸重的磚塊般砸向我。我想到我和一位女士的友誼，她總是有很多意見、很負面，而且非常批判；然後我想到自己的婚姻，一切好像都是我的錯。露易絲繼續寫道：

然後你注意到，你如此不舒服的原因在於其他人好像總是在批判你……然後你想到這些批評，你了解到當你還小的時候，也接收到很多批判。因此你的內在小孩聽到批判時，就會覺得好像「回到家了」。而你躲藏的方式，就是去製造「煙幕」。

我的腦中開始閃現童年畫面，特別是跟父母親有關的，他們會在我和兄弟姊妹所說或所做的事情上貼上「品質不佳，不予通過」的標籤。對他們來說，沒有一件事做得夠好。

我的聖靈顯現了！我把吸到一半的香菸捻滅，抓起剩下的香菸，儀式性地壓碎每一根，堆成一堆，然後聲明：「我願意釋放被批判的需要。」

那天之後，我就戒菸了，再也不需要服用處方藥。戒菸很容易，我已準備好自在地對待自己。之後我繼續療癒的旅程，也找到能在我的實相裡支持我的新伴侶。之前，我相信自己不夠好，就吸引到很多人去支持那個信念。吸菸提供了遮蔽，讓我看不見真相。

現在，我看著自己如何和自己與他人對話。我學到如果我批判其他人，其實不過就是在批判自己。我是如此愛自己，我不會延續舊有的自我嫌惡行為，因為那再也不適合我了！

愛蓮娜，學生，澳洲

離開受虐關係，進入大學生活

我拿到《創造生命的奇蹟》時，就好像是有人在我需要時送給我一個天使。在這之前從來沒有一個人如此關心我，給我這麼特別的東西，所以我以非常感恩的心情收下了這本書。剛開始我看不太懂，因為我無法理解為何我應該被給予第二次機會，而且我不相信我值得擁有。雖然花了點時間，我還是把整本書看完了。當時，我對生活感到厭煩，我知道我想要有第二次機會。我了解到我有這麼多東西可以給予世界，若我能讓內在轉化，那麼任何人都做得到。

我的家世背景很好，也受過良好教育，卻誤入歧途、走上不歸路。我很年輕時就沾上了毒品，在還沒搞清楚狀況前就已經上癮了。圍繞在我身邊的那些人都繼續讓我上癮，而不是幫助我戒除。我最後和一個男人進入一段非常虐待性的關係，他比我大上將近兩輪，但我以為我在戀愛。我告訴自己，我能夠處理他加諸在我情緒和身體上的痛苦，因為那就是他向我表達他有多在乎我的方式。

有天這個男人陷入多起財務糾紛，鼓勵我幫他解圍。那時我願意為他做任何事，而我也確實這麼做了。我根本不知道自己在做什麼，我濫用我的身體，一晚賣淫十二小時，一週五天，然後一次就把數千美元的所得交給他。雖然這樣，錢還是永遠不夠，虐待變得更加嚴重。

在幾個月重複的賣淫工作後，我了解到我所愛的這個男人其實並不愛我。我開始和其他妓女聊天，發現她們之間有個支援網絡。我不能告訴我母親，因為我覺得很羞恥，而且我已經傷害她太深了，所以我只好跟一起工作的女孩說。也就是這樣，我遇到了一位天使，她送了我露易絲的書，而我從中受到了啟發。最後，我聚集了夠多的力量離開這個男人，也戒除了毒品。

現在我要到大學鑽研心理學，回家和家人一起生活。我一直保持清醒，大部分時間都感到很快樂。每當憂鬱症發作，我就告訴自己「在我的世界裡一切都美好」，然後用露易絲教我去找到的正面能量來圍繞自己。我的生命產生如此劇烈的變化，每天我都為此而感恩。我期待兩年後拿到學位，我知道沒有什麼能阻擋我去達成所有的目標與渴望！

沒有人會拯救你，但你可以拯救你自己

布萊恩，靈性生命教練，加州

我喜愛並認同我自己。第一次聽到這句話時，我就想：你到底在說什麼鬼話啊？這根本一點意義也沒有。事實上，這句話對一個二十多歲、HIV陽性、時常爛醉如泥、憎恨自己、為了自己的問題而責怪整個世界的人來說，根本是難以理解的。看吧，我就像戴著榮譽獎章般戴著「受害者」的標誌。我生命裡的憤怒與挫敗，幾乎瀰漫到我嘗試的一切事物中，完全阻礙了任何長久的美好進入我的生活。說我是焦躁易怒、煩躁不安、不滿足，實在是太客氣了。我是完全不快

樂，整個人滿是暴怒與無望。但這裡有個關鍵：我想要改變。我只是不知道要怎麼做。

我第一次聽到露易絲，是在我一九八八年被診斷為HIV帶原者的時候。我聽說她週三晚上在西好萊塢舉行「稻草車之旅」（譯注：Hayride原意是坐在裝著乾草的無篷卡車上夜遊，而Hay是露易絲的姓，也是英文「稻草」之意），那是特別給受到HIV／愛滋病影響的人的支持團體。我決定去看看，而我所看到的改變了我的生命。

我還記得露易絲提供的東西，在當時的媒體中從沒出現過，因為媒體總是滔滔不絕地傳布對這個疾病的恐懼；或者以西方的醫學來看，大概都會告訴你HIV就是死刑。對當時很多人來說確實是如此。即使是這樣，露易絲就站在最前線，給出希望。

我第一次參加的「稻草車之旅」聚會中，約有五百位男女，而我所看到與感受的是很難形容的。但我可以說，我的靈魂感受到某種不尋常的熟悉感。我被露易絲的話語深深感動：「我們一起來到這裡，並不是為了玩樂，它並不可怕。」在她溫柔、充滿愛、就事論事的陳述中，她分享了一個非常簡單的訊息：「沒有人會來拯救你，但是你可以拯救你自己。」在這個由露易絲創造的富有力量的團體中，我感受到安全、信任與愛。

我很確定我的意識在「稻草車之旅」中開始轉換了。而真相是，我謝謝神在那天將露易絲介紹給我。她的書、演講與啟蒙的教導，真正改變並塑造我往後二十多年的人生。到今天，我仍然熱心追隨著露易絲與她的書。她的出版帝國賀書屋所給予這世界的禮物，以及她分享給全世界的好作者與老師，全都是無價的。

現在我是個快樂、強壯、健康而成功的男人。在神的恩典與十二個步驟之下，我幾乎有二十年一直保持在清醒狀態。我選擇活在露易絲的教導裡，將之應用在生活中所有層面，最有力的就是透過每天練習肯定句。這所有的一切，都從多年前我聽到的那句簡單的真言開始：**我喜愛並且認同我自己。**

露易絲，願神祝福妳。

我的未來是光明的

海倫，行政助理，加拿大

露易絲在我的療癒旅程開始時，給了我一條救生索。我因為失去很多而深深受苦，包括我的房子、先生及金錢——更不用說朋友的辭世，以及我父母和一位手足的死亡。過往的受虐經驗，讓我相信這是我應得的人生。我在完全的絕望之中，迷失在酒精與藥物裡。但是身為一名單親媽媽，我知道不能再這樣下去。我有兩個美麗的女兒（她們是我的天使）仰賴著我，我必須做她們的好榜樣。

在露易絲美妙的書籍、建議讀物與每日肯定句的幫助下，我開始振作。現在我按照她的話語生活，而這轉化了我的生命！現在我住在新的城市裡，真真切切在每個面向重新出發。那並不是一夜之間就發生的（這是趟六年的旅程），但是我**現在**就如實如是地在這裡！有家很棒的公司雇用了我，和我一起工作的是最神奇、最正面的同事。我照顧好我的身體，因為它是神聖的殿堂，並真正打開雙眼迎向生命的美好，我是真的**活著**！我每天都感謝露易絲教導我的功課。我鼓勵每個人都鼓起勇氣：生命是你塑造的，所以不要絕望！即使不好的經驗，也可以被改變成對你的「存在」的正面貢獻。

露易絲，我的未來是光明的，而這一切都歸功於妳！我最大的願望就是有一天能親自參與妳的課程，當面感謝妳帶給我的一切。妳真是個祝福！

亞比蓋兒，自尊生命教練，肯德基州

是的，我可以療癒我的生命！

二〇〇三年的聖誕節，母親給了我一本《創造生命的奇蹟》。她在書中寫著：「我希望妳能享受露易絲對待健康的方法，她是我的最愛之一！」當時，我既酗酒又嗑藥，對體重與性的問題也很苦惱，因為我曾被強暴過；我對我的身體感到麻木、不在意，只為了要迎合社會期待而動整形手術，絲毫不在意身體將被打開再縫合。

把自己當成受害者，反而是一種舒適。表面上我扮演著圓滑的公眾領導人角色，私底下孤單寂寞的感覺卻已成為生活常態。我需要露易絲的話語，但是在生命的這個時刻，我卻聽不見，也感受不到，更不喜歡閱讀。好在書裡有「身心療癒表」，扼要地提及了一些常見疾病。因為那份療癒表是如此簡單，讓人很快就掌握到如何改善一個人立即的心理狀態。我幾乎就要信服了。

讀了這本書之後，我列了一份清單，關於愛我自己的身體、相信我是一體的、在鏡子裡對自己說話……然而之後我又陷入舊有模式中，從沒練習肯定句超過一天以上。我具有善惡的雙重人格，是個擁有美麗與自我懷疑的憂鬱領導者。生命還是持續在痛苦的舒適當中。

有天我在監獄裡醒來，臉上和膝蓋滿是瘀傷和血塊，這都要拜前一晚我酒後意圖毆打警察所賜。他們把我壓在車上逮捕我，卻將我帶回幾年前被強暴時的記憶。我不記得實際細節，情緒的記憶卻非常鮮明。警察把我安置在全白的「瘋人」房中，我知道他們取下我的鑽石與珍珠時，我變得很刻薄、傷人。我醒來時才發現原來這是真的。我在模糊斑駁的鏡中所看到的這個人，並不是我真正想要成為的人。

回到家後，我再次拿起《創造生命的奇蹟》。我一直重複這句話：「我？**我**可以療癒我自己的生命？」我是如此害怕，但是生平第一次，我相信了：「是的，我可以！」神需要我為了別人而發聲，也就是說，我再也不能用OK繃遮蓋問題了；我在身體、心理、心靈與情緒上都會得到療癒。我接受書中的新思維模式，並信任露易絲一小部分的話語。

多年來，我給過很多人建議，但是踏入到為自己負責任，就像是進入新的聯盟那般陌生。露易絲藉由真實活出她生命的目的，幫助了我如何有目的地活著。露易絲的肯定句（以及心理學家偉恩．戴爾的設定意圖）給了我新的開始。

我從二〇〇五年開始為了學習而四處旅行，對於教學卻止步不前。現在，我是清醒、靈性、成功並充滿勇氣的，我是高中及大學女生的生命教練。隨著露易絲的肯定句、我個人的經驗及宇宙的力量，我們改善了生命。

看見黑暗隧道盡頭的亮光

瑪麗艾倫，腳底按摩師與個人發展團體帶領人，愛爾蘭

我在一九八〇年代中期經驗到如同「清算」的事件，整個人幾乎就像被大卸八塊，卻反倒更能接受小我的釋放與心靈的覺醒。我失去了工作與家庭，我的伴侶和一位更美麗、也更有成就的人遠走高飛，我則與垂垂老矣的母親變得很疏離。反映這一切的，是我失去了和聖靈以及和我自己的連結。我開始有酗酒問題，男女關係也很混亂，放棄了四年專業訓練的職業，過一天算一天，也好像失去了道德界線。過去三十年中我無法接受的行為，現在卻再正常也不過。我就像是試著要把我的生命及我自己完全丟棄。

這段長而黑的隧道持續了將近五年。我多次嘗試自我毀滅：兩次故意出車禍、曾經酒精中毒，並讓自己在危險的地方酒醉；還被逮捕過兩次，拘留過夜。我拋棄所有穩定的連結，而原本在我生命中的人也幾乎消失不見。

某個美麗的一天，我在一位慈悲友人的沙發床上醒來。絕望將我壓得喘不過氣，我根本一無所有。我決定去散步，走進一間綠蔭裡的隱密書店。那是個神聖的所在，裡頭每樣東西似乎都能敲出聖靈的鐘聲。我看著店舖裡的每樣東西，買了《創造生命的奇蹟》。我仔細閱讀，做著書中的練習，發展出和露易絲之間的連結，那是我當時唯一擁有的美好事物。

那是一段漫長的過程，這二十年來大部分的時候都很艱辛。但是今天，我在一個和平的地方有個美麗的家，有摯愛的先生，有份令我驕傲的職業，以及如恆常水流般涓涓不停來到我生命裡

的美好事物。我與聖靈連結，每天都越來越靠近神聖的萬有合一。我對露易絲的感謝是無法表達的。透過我的工作，我和千百個人分享她的教導，持續傳遞她的智慧。我也許會一直做下去。我永遠愛著她，對她有無限的感激。

第一次對鏡子裡的自己不再反感

詹姆士，作家，加拿大

一九九五年夏天，我有位同事開始「瘋狂」讚賞《創造生命的奇蹟》，那是我第一次聽到露易絲。在那個當下我聽到一個聲音，便馬上去買了一本。我不知道我在尋找什麼——也許是拯救。

在那個命中注定的夏日午後，我拿起那本書，轉變發生了。我知道這本書很有「力量」，但並沒有直接沉浸其中，反而選擇將之束之高閣。當時我是個重度嗑藥者。我很害怕、孤單，完全沒有自尊，藥物能讓我暫時離開現實。吸食毒品時，我變得什麼都不怕，還能像聚光燈般引眾人注目，快樂會將我充滿、直抵核心……一旦藥效退去，我又會往下墜落。我相信自己並不討人喜歡，試著藉由和很多很多男人上床來填補內在的空虛。

在連續三天都沒睡覺之後（我嗑了很多藥，幾乎無法成眠），我找出這本書。我從頭到尾仔細閱讀，接著重讀一次，然後又再看一次。之後，我安安穩穩睡足了三十六小時。當我醒來，我環顧房內，每樣東西都比記憶中更為鮮明。露易絲的書就在床邊，於是我再次拿起來，認真吸收裡面的內容。我對自己大聲說出肯定句，然後跑到浴室去對著鏡子，對著自己的臉練習：這是這輩子第一次沒讓我覺得反感的臉。

就在那一天，一切都改變了。首先我決定不再用毒品來虐待自己。這並不容易，因為我的朋友都帶著毒品離開了，但是光亮慢慢照進我的靈魂。我繼續沉浸在露易絲的書中，每天都練習肯定句。幾個月內，我變得健康而強壯，開始享受生活的藝術。最後，我終於開始喜愛我自己。

這些年後，恐懼消失了，取而代之的是興奮。我在愛、臨在與喜悅中生活。現在我愛我自己，在我嘗試的一切中都表現得突出。我朝著神奇、美妙、滿足的生活前進……每一天我都為此深深感恩。

露易絲，妳是從宇宙來的禮物。妳的書籍和教導，來自妳內在美麗的靈魂。我是如此榮幸，能在這個地球上與妳共享空間。藉由活出妳的真理、每天將能量擴展到這世界上，妳拯救了許多生命——這其中也包括我。謝謝妳。

凱蒂琳，學生，田納西州

克服酒精、罪惡感與羞恥

這是一個女孩的故事。她從有記憶以來，總是用罪惡感與羞恥把自己包裹起來。每天早上起床後，她會盯著鏡中的缺點與需要改進的地方，再開始「一切應該要如何如何」的一天。

我二十五歲時發現了酒，三十五歲時發現了戒酒無名會。我唯一的孩子出生後（一個美麗的小男孩），我曾經有超過兩年是清醒的。諷刺的是，不出幾個月，在我人生中最美麗、最值得獎勵的時刻，我覺得需要來杯酒。於是我更急切地將自己丟向狂熱的基督教信仰與戒酒無名會的聚會中。我開始強烈且瘋狂地尋找：到底有什麼可以治療我？我不停試了又試、試了又試。我嘗試療癒、釋放及祈禱；我試著盡可能參加戒酒無名會的聚會、找到適當的保證人、不停重複再重複做這些事。我到底做錯了什麼？

在三次酒醉駕車與五次進出治療中心之後，我還是無法停止酗酒！最後我得到一個結論，結束酗酒的唯一方式就是……不再喝酒！我就像瘋了般重複做一樣的事情，卻期望會有不同的結果。我開始重新評估我的信念，因為很顯然這些信念並不適合我。

我是清醒的，卻充滿了罪惡感與羞恥，宇宙帶領著我到聯合教堂的書店，找到了《創造生命的奇蹟》。美妙的事情發生了：依循露易絲的指引，我開始療癒我的生命！我變得高度覺察我的念頭。當我發現肯定句的力量，排毒淨化的過程就開始了。當我將露易絲的教導應用在生活上，我逐漸感受到身體裡每個細胞都被淨化了。肯定句成了抵禦我對於自己與人生那些殘酷謊言的主要策略。

帶我去聯合教堂的人就是我的未婚夫，他不厭其煩聽我訴說露易絲的一切。他知道療癒的奇蹟發生了。我現在體悟到，我經歷過的一切，並不是發生在我身上，而是為了我而發生。我現在正在攻讀諮商碩士，有個超越我自身的願景。我知道宇宙對我有更多計畫，遠超過我所能理解。我熱切期待能和那些受苦的人、和任何由宇宙創造者帶到我的道路上的人，一起分享露易絲教導裡的轉化力量。

露易絲，我視妳為我最珍貴的導師，我是如此感激能夠找到妳。我想跟隨妳的腳步去傳布這些話語：受苦的根源都來自不愛自己。愛自己，透過自我寬恕與自我接納，是所有療癒的基礎。

瓊安娜，直覺天使閱讀者與靈氣老師，加拿大

處理了個人創傷，心靈便覺醒了

我不記得到底是如何遇見《創造生命的奇蹟》，但我是在生命裡最需要的時候碰到了這本書。我多年來在酗酒當中掙扎，甚至也曾戒酒好一段時間。但是事情在二〇〇三年又有了變化，我又再次陷入這個癮頭之中。

我發現自己生病了，我厭倦生病，也討厭週末。我有三個小孩要養，工作雖能餬口，但我的內在還在受傷。我因為失去家人的悲傷，以及在童年時遭遇過性侵而受苦。我發現有好多東西需要處理，為此，我真的得好好面對自己，清醒過來。

有天我看著浴室的鏡子問自己：「我該怎麼做呢？」不管你相不相信，我聽到有個男性的聲音說：「保持清醒！」我相信那是神的聲音。那並不是我第一次聽到，事實上那是第三次。每當我真的遇到大麻煩時，這個聲音總是會出現。於是，我馬上就戒酒了。之後我又破戒了幾次，但是我一直持續回到正軌。

然後這本書來到我手中，於是我將露易絲的話語放入心裡。感謝她的肯定句，我真的開始改

變思考的方式，努力拿靈魂需要的東西來填滿它。當我開始處理個人創傷，我便真的清醒了。我在心靈上覺醒了。我仍然需要找到我是誰，而露易絲的書帶領著我到了她的網站，以及賀書屋的其他作者，他們激勵了我去探索自己，活出自己的熱情。

今天，我不再只為了金錢而工作；身為認證的天使療法治療師與靈氣老師，我做這些工作是因為這是我的神聖目的。

露易絲，謝謝妳，雖然我們從來沒有見過面，但非常謝謝妳啟發了我的生命。感謝神將妳帶給我。

重新做自己的父母與愛內在小孩的力量

保羅，合格按摩治療師，馬里蘭州

年輕時我因為濫用藥物而精神恍惚，使我不斷在無能為力與否定之下，重複過往和父母與老師之間那種破壞性的行為與不正常的模式。一段時間後，我讀了《創造生命的奇蹟》，也聽了露易絲的CD，幫助我了解寬恕的真義：包括寬恕自己與寬恕別人。

在我三十多歲時（這時我已開始閱讀並練習露易絲的方法了），我了解到每個人，包括我自己，都是以他們當時所知的方式盡力做到最好了。所以慢慢但確定的，首先藉由釋放憎恨與責備，我開始負起個人健康的責任（「力量之點就在當下」），重回清明的神智。當我繼續治療各種不同的癮頭，我也開始許下有意識的承諾，去練習愛我自己與我的內在小孩。每當我發現自己陷入負面思考的漩渦（其實還滿常發生的），就複誦露易絲的肯定句。在許多不同的層次上，這個方式就是重新做自己的父母，使我得到成長過程裡希望獲得的訊息與想法。

是的，最後我停止酗酒，並付諸行動。但是如果我從未學到如何去愛、去信任並照顧我自己和我的內在小孩，戒酒之類的行動對我又有什麼好處？又能夠維持多久呢？感謝露易絲，我最後得到了這麼多的智慧與工具，讓我建立起愛與自尊的全新基石。從這個更強大、更健全的地方，我開始去實現更為成功的肯定確認，那就是我是個有價值、值得這一切的人，有能力去吸引豐盛、愛、創造力、富足，並且在我的世界裡實現。確實如此！

我是個健康快樂的清醒女人

丹妮絲，上癮諮商師，紐約

我是個五十歲的義大利裔女性，出生在布魯克林區海洋公園附近的中上階級家庭。我已婚，有兩個年幼的女兒，卻在一九八〇年代末期沉迷於快克古柯鹼，最後失去探視權長達半年。當時我去過三所療養中心，卻一直無法戒除毒品。我處在生命裡最低落、最黑暗的時期，身陷極度的痛苦之中。

一九八九年二月，我發現了露易絲的書，開始練習肯定句：**我是個健康快樂清醒的女人，幫助許多因上癮而受苦的人。**此外，我不斷告訴自己：**神一直和我在一起。**在我還沒搞清楚發生了什麼改變之前，我已經能清醒振作起來好幾天。從幾天變成幾週，再從幾週變成幾個月。

我在一九九〇年找到了工作，成為藥物濫用諮商師。現在我在一間戒除藥物與酒精的住院療養中心裡，負責執行專為女性開設的課程。我們使用露易絲的作法，啟發並協助肯定學員的療癒。我和兩個女兒重新建立了關係，我才剛收到大女兒寄來的卡片，上面寫著：「我認識一位充滿力量與美麗的女士／我看著她很多年了／她是我媽媽。」我正在寫一本關於我的人生的書，如果沒有露易絲的智慧話語，我根本不可能辦到。她是個真正的治療師。

瑪麗琳，企業人士，加拿大

我現在擁有我想要的一切

我有天早上醒來時，感覺我的頭就像水泥塊一樣，那是因為太多的酒精與古柯鹼所造成的。我看著我的男友（他最近才打落我下排的牙齒），想著：**我痛恨我的人生！**

有位朋友一週前送給我《創造生命的奇蹟》，那是個開始。我列出了我想要的一切：

1. 充滿愛與誠實的關係。
2. 成功的事業。
3. 有個在鄉下的家。
4. 遠離藥物與酒精。

我以這樣的順序寫下，也以同樣的順序練習肯定句，而所有一切也以這樣的次序來到。這是十一年前的事，而現在生活是如此美妙。在過去十年裡，我和一位誠實、風趣、溫暖、充滿愛的男人在一起。我們有非常成功的進口事業，冬季時會到海外旅遊，而且住在加拿大小鎮靠湖邊的老農舍裡。

《創造生命的奇蹟》已經是我的聖經。這本書讓我從自身的痛苦之中得到自由，並給了我勇氣去改變生命。我學到原來力量之點就在當下。我的生命因露易絲而改變，我永遠感謝她。

勞倫斯，活動企畫，加州

露易絲的光

露易絲改變了我的生命。一九八五年，那時我二十多歲，生活一團亂：我小時候就失去了雙親，我嗑藥，沒有方向，也沒有靈性的基礎。我是個憤怒的青年，不知道生命有什麼目的。有個工作上的朋友邀請我去一個聚會，照她的說法，那是為了愛滋病患所舉辦的神奇「療癒圈」，地點在西好萊塢的浦朗默公園，由一位叫露易絲的女士所帶領。我不曾也從未得過愛滋病，但是我對這個神奇聚會及正在發生的奇蹟很好奇。

我在聚會裡待了好幾個小時，傾聽這些勇敢的人如何對抗這個可怕疾病（在當時，大部分都是誤解與恐懼）的故事。我就像被露易絲簡單的訊息所催眠，她告訴我們要愛自己，以及我們的想法是如何創造我們的實相。我開始從更深遠的意義來看愛滋病：最後我們不僅能消滅這個疾病，而且在這個聚會裡所做的事，有可能會讓世界充滿更多慈悲與接納。

我也開始將這些原則應用到自己的生活中：很快的，我脫離了藥物，搬到舊金山，回到大學，經營了一個延續十四年的外燴／活動公司，和一位美妙的伴侶在一起，而我的事業在經歷九一一可怕的衰退後，又奇蹟似地存活下來。後來我結束了事業，只為了要落腳在洛杉磯的家鄉，和我在海邊美麗的家、很棒的工作、相愛十七年的伴侶及世界上最好的狗在一起。

我來自酗酒的破碎家庭，在家中我不斷被侵擾：我的自我價值感嚴重低落，因為我父母本來都是好人、卻因酒而迷失，使我充滿負面的訊息與自我對話；我的生命原本可能走向完全不同的方向。現在我發現自己五十歲了，健康又快樂，仍然喜愛露易絲，每天都說肯定句，期待著下半生將會帶來的所有美好事物。

我用完全不同的方式給予我自己和他人，而這是多年前我還是個憤怒青年時所無法想像的方式。露易絲改變了我的生命，她是我道路上的指引之光。如果你學習放下，每天都保持感恩的態度，藉由學習宇宙是如何簡單與輕易，就能改變自己的生命。

與露易絲一起練習

沒有一本書——更別說只有一個章節——就可以完全代替治療及十二步驟的聚會來戒除上癮。然而，改變要從內在開始。如果你還沒準備好要釋放癮頭，最好的課程也無法幫助你。

該是時候來為你的未來訂個新的願景，並且放下任何不支持你的信念與想法。藉由完成以下練習，你可以從改變觀點的過程開始。在另一張紙或筆記本上寫下你的答案。

釋放你的癮頭

做幾個深呼吸；閉上雙眼，想著一個你所沉迷的人、地方或事物。想著在這個癮頭背後的瘋狂。你是藉由抓取某個外在事物來試圖修正內在你認為錯誤的部分。力量之點就在當下此刻，你可以在今天就開始做出轉變。

要有意願去釋放這個需要，說：「**我願意釋放在我生命裡對＿＿＿＿＿＿的需要。我**

現在就放下，並且信任生命的過程會符合我的需要。」

每天早上在你的日常靜心與祈禱裡重複以上肯定句。

你的祕密癮頭

列出十個你從未跟人分享過的癮頭。如果你是個暴飲暴食者，也許你曾經從垃圾桶裡挖東西出來吃過；如果你是個酗酒者，你也許在你的車子裡藏著酒，這樣的話你就能邊喝酒邊開車；如果你是個強迫性的賭博者，也許你將家人置於危險之中，借錢來餵養你的好賭。請完全誠實與敞開。

釋放過往

現在讓我們來致力於釋放緊連在你癮頭上的情緒。容許記憶不過是記憶而已。當我們放掉過往，會變得能夠自由使用所有心智的力量，享受當下此刻並創造光明的未來。我們不需要為了過去一直處罰自己。

- 列出所有你願意放下的事情。

・你放下的意願有多少？注意你的反應並寫下來。
・你必須要做什麼才能放掉這些事情？你這麼做的意願有多少？

自我認同

自我憎恨在上癮行為裡扮演很重要的角色，所以我們現在要來做我最喜歡的練習。我跟成千上萬的人分享過這個練習，而且效果非常好。

每次當你想到想放下哪個癮頭，對你自己重複不斷地說：**「我認同我自己。」**每天這樣對自己說三、四百次，一點都不嫌多。因為你在擔心的時候，在一天裡面就是會想到這個問題至少這麼多次。讓**「我認同我自己」**成為一句喚醒的真言，一句你會一而再、再而三，幾乎是毫不間斷對自己說的話。

當你在說這句話的時候，可以保證的是必定會帶出在意識層面裡所對抗的所有事物。如果有個負面想法進入你的頭腦，譬如說：**我怎麼可能認同我自己？我才剛吃了兩片蛋糕！**或者我再怎麼做結果都一樣——不管這些負面的嘈雜聲在說什麼，**這就是你拿回心理主控權的時候。**不要賦予該想法任何重要性，只要以它所是的方式去看待它——這是另一個防止你陷在過往的方法。溫柔地告訴這個念頭：**謝謝你的分享，我讓你離開，我認同我自己。**這些抗拒的想法將不再影響你，除非，你選擇去相信。

清除癮頭

癮頭會壓抑情緒，讓我們無法感受。如果我們不想處理眼前的事物，或者不想處於所在之處，就會有個模式產生，讓我們遠離自己的生活。這個模式可以是暴食、化學品或情緒上癮，也可能是沉迷於積欠帳單或生病。

如果你想對某樣東西上癮，那為何不對愛你自己上癮呢？你也可以沉迷於做某件對你有幫助的事情，譬如說練習肯定句。自由地去創造你自己的肯定句，或者使用以下列出來的句子。

肯定句

- 我釋放由內在所創造的模式。我是平靜的。我是值得的。
- 對我自己的生活負責任是安全的。我選擇自由。
- 我在深呼吸中釋放了壓力。
- 我充滿愛地拿回我的力量。我釋放舊有的想法並放下。
- 我允許自己改變。
- 沒有人、地方或事物可以控制我。我是自由的。

❤我創造了一個新生活，那兒有完全支持我的新規則。
❤過往已經結束。我選擇去愛並認同現在的自己。
❤所有的經驗對我成長的過程都是完美的。我和現在的我和平共處。
❤我的心智已經淨化並且很自由。我離開過往並朝全新的開展邁進。所有一切都美好。
❤我輕鬆自在地釋放生命中不再需要的東西。
❤我已經盡力做到最好了。我很棒，我在和平之中。
❤我輕鬆自在地釋放舊時的一切，喜悅地迎接新事物。
❤我願意改變與成長。我現在創造了一個安全的新未來。
❤我拒絕限制我自己，我永遠都願意走下一步。
❤我選擇以愛、喜悅與自在來處理所有的經驗。
❤我超越過往的限制，進入當下的自由。
❤我喜愛並珍視自己。照顧自己是安全的。
❤我現在選擇以充滿愛與喜悅的方式支持我自己。
❤對香菸（或酒精或任何你所沉迷的東西）的所有欲望已離開我，我自由了。

上癮處方箋

我聲明我的高度自我價值與自尊。我在每個層次都喜愛並感激自己。我不是我的父母、也不是他們可能有的上癮模式。不管我的過去為何，此刻我選擇去消除所有負面的自我對話，去愛自己與認同自己。我是獨特的自我，對於我的本質欣喜不已。我是令人滿意、受人喜愛並受神聖啟發的。這是我的存有的真理，我如實地接受。在我的世界裡，所有一切都美好。

第二部
日常生活

第四章

吸引豐盛

豐盛並非取決於銀行帳戶的餘額，而是由心智的狀態來決定。你覺得在宇宙之中你「配得」什麼？你相信是因為你「不夠好」，機會才會從你身邊溜走？「缺乏」的信念是唯一能限制你的東西。當你改變心智的焦點，感謝你所擁有的，並且肯定你真的值得豐盛時，你會訝異於生命所提供的慷慨。

接下來的故事顯示了宇宙無窮盡的豐盛。

買到夢中家園

婕琪，公關公司董事，加州

當時是二〇〇四年一月，聖地牙哥的房地產正值高峰。我先生和我已經花了三個月在找合適的房子，卻一無所獲。我們看的房子不是太小、太貴、地點不好，就是需要大幅整修……總是有地方不對勁。所以我決定把露易絲的肯定句放在我的電腦螢幕上：

我有個完美的生活空間。我看見自己生活在一個美妙的地方，實現了我所有需要與渴望。它位在十分美麗的處所，而且是我能夠負擔的價格。

就在兩個月之後，我先生和我找到了我們完美的家！那間房子擁有我們在尋找的一切，而且價格剛剛好！我們出了價，賣方在最後一分鐘卻決定不賣了。我們非常震驚，因為我們實在太想要那間房子了。我請房地產經紀人去聯絡屋主，讓他知道如果他決定再次出售，一定要記得打電話給我們。

我決定要得到那間房子，便持續練習露易絲的肯定句——我甚至會在午餐時間開車經過這間房子，描繪自己住在那裡的樣子。我也想像當我推著孩子的娃娃車，走到鄰近大街時的感受是什麼。我真的可以**看見**我們住在那裡、歡樂大笑、和隔壁鄰居聊天。我熱切複誦露易絲的肯定句。

我先生和我仍然繼續在找房子，但我們還是一直問經紀人，是否第一間房子的屋主又想賣了，但答案卻都是否定的。最後我們找到另一個非常接近我們標準的地方，但已經不像看到第一間時那麼興奮。當我們對第二間房子出價時，我請房地產經紀人打電話給那個「完美家園」的屋主，在我們確定要去買第二間房子之前，再問一次他是否想賣給我們。我就是無法放棄。賣方經紀人以非常確定的**「不」**回應我們！於是我又做了**更多**露易絲的肯定句練習。我還是可以看見，甚至**感覺**到自己就住在那間房子裡，成為這個住宅區的一份子。

於是我們向第二間房子出價。賣方跟我們討價還價時，我們很驚訝地從房地產經紀人那兒得知，第一間房子的屋主有個事業機會，因此急需現金……而且如果我們還願意，他願意將房子賣給我們。

契約在那個奇蹟的一天——二〇〇四年四月一日（這絕對不是愚人節笑話）簽訂了！我先生、兩個女兒和我真是再快樂也不過了！

蘇珊，人力資源主管，德州

我是金錢磁鐵！

一直以來，露易絲對我與身邊的人都啟發良多。我是在二〇〇〇年第一次接觸露易絲的書，當時是我要做探查手術的前一天，朋友送了我《創造生命的奇蹟》。我覺得這本書說的很有道理，如果長期處於限制性想法之中，身體就會反映這樣的思維模式。因此，改變思維模式以得到不同的結果是很容易接受的。於是我就照做了。

這些年裡，我買了許多露易絲的書籍、CD，還有肯定句卡片，來支持我走在自己的道路上。我學到以敞開的心活著，停止腦中的喋喋不休，和他人分享自我探索的旅程。露易絲給了我「通行證」去邀請創意進入生命，並給我足夠的勇氣去探索，所以我現在可以協助他人找到熱情，活出夢想。我藉由分享如何改變自身的想法而提供許多指引。

有句肯定句似乎能帶給所有人大大的微笑：**我是金錢磁鐵，各式各樣的豐盛都會被我吸引。**有天有位朋友和我在亞利桑那州的史考特戴爾書店裡，當時我們拿著一本露易絲的書，收銀員微笑說：「我就是很愛露易絲！」我們回答：「我們也是！」然後我們三個人都說特別喜歡**「我是金錢磁鐵」**這句肯定句。在那個時刻我了解到，只要一提起露易絲，原本互不相識的陌生人也不再陌生。

我最近剛買了《創造生命的奇蹟》的DVD，非常高興能得知更多關於露易絲的生命旅程，以及她如何以敞開的心帶領生活。我很高興她能夠跟隨著她的心，甚至當其他人並不覺得她追求的東西有用的時候，仍然決定和全世界分享她的觀念與想法。

露易絲給我勇氣去探索，並且去經驗新的機會。每當我覺得在某個情境下很不自在時，我會很確定地告訴自己，**我是安全的**。這能讓我的頭腦變清楚，看到前方的選擇。除此之外，我喜歡她所創造的夜晚靜心：「今天已經結束，不管過得好不好，都結束了。」是的，露易絲改變了我的生命，也改變了我身邊這麼多人的生命。我對她的感謝永遠都不夠。

肯定自己想要的，並真正相信自己能改變

蜜雪兒，鋼琴教師，麻州

我兒子出生的時候，我已經當了十一年的祕書了。我想找一個能讓我待在家裡照顧他，又能夠賺錢的方法，便決定要成為日間照護者。我先生非常支持我，也鼓勵我這樣做。這份工作我做了兩年，但我覺得應該要為自己的生命做更多事。當我的女兒出生後，我非常想成為鋼琴老師，卻不知道該如何才能成真。我是受過古典音樂訓練的鋼琴演奏者，但我覺得自己並沒有教學背景。

後來，我發現了露易絲。在看了她的書，並依照書上的教導、聆聽她美妙的CD之後，我開始去肯定我想要的生活。我致力於釋放那些來自過往、卻再也不適用的事物。我開始參加工作坊和課程，以學習如何教授鋼琴。我訂閱了鋼琴教學雜誌，也在報紙上刊登廣告。我很快就有了七個學生，當我白天照顧的小孩離開後，晚上我就教鋼琴。接下來六個月裡，鋼琴教學對我而言變得越來越重要。我繼續閱讀並每天練習肯定句，覺得自己走在正確的道路上。

當時我根本就不可能會知道，藉由肯定我所想要的，並真正相信我可以改變生命，就在十年的時間裡，我不只會成為國家檢定的音樂老師與成功的鋼琴教師，還會成為麻州的音樂教師協會主席。我後來對音樂科技領域很感興趣，也遇到了很棒的老師和導師。二〇〇三年在猶他州舉辦的音樂老師全國會議中，我首次受邀做音樂科技領域方面的演講。

到今天，我經營了一間有五十多名學生的音樂工作室，在麻州與當地音樂教師協會的董事會

裡服務，還受邀到美國九個州及加拿大等地的音樂教師全國會議中演講音樂科技。此外，我在地區性鋼琴教師舉辦的節慶裡擔任評審；我的文章和評論也在音樂教學雜誌上發表（就是我早先訂閱的同本雜誌！）；我最近跟人合寫了一本關於音樂科技的書，即將在今年出版。我也是教會的風琴師、兒童與手搖鈴合唱團的指揮，還是許多聖詩班的伴奏。

遇見露易絲的書籍與CD、跟著她一起練習，對我來說確實是真正的奇蹟，因為那幫助了我、使我美夢成真！

自我療癒纖維瘤，並創造豐盛

凱瑟琳，心靈生命教練與個人組織者，華盛頓

七年前，當我面對一場需要移除六個纖維瘤的手術時，《創造生命的奇蹟》來到了我身邊。當時我和丈夫分居，深深掉進受害者模式中。我沒有工作，卻要負擔兩份房貸，所以想盡快賣掉佛羅里達州的房子。我需要奇蹟，而且要快！感謝《創造生命的奇蹟》，給了我啟發去請求那些奇蹟……而我真的得到了！

在我被送進手術室之前（我並沒有健康保險），我問醫生是否我們真能療癒自己。她只說：「我**確實**看過奇蹟。」我向她要求六週時間，嘗試療癒自己的腫瘤，因為我相信分手的痛苦有可能是腫瘤發生的原因。我的醫生答應了，但也訂定了超音波和其他術前計畫，並排好了手術時間。從那天開始，我每天走三哩路。走路的時候，我就複誦露易絲的肯定句，把專注焦點放在纖

維瘤上。我抱著很大的希望做了六週的練習。

我再次去看醫生時，我很確信有奇蹟發生了。確實如此，那六個腫瘤甚至連存在過的痕跡都沒有。有幾個醫生抓著頭，喃喃說道這根本不可能。我知道有奇蹟發生了，而且並未就此打住。我療癒了我的受害者情結及缺少豐盛。兩週後，我賣掉了房子拿到現金，創造了成功的事業。我是個豐盛、健康而快樂的女人。希望有一天我能寫本書來詳實描述七年前的探險，以及從那之後發生的所有奇蹟。

妮可，旅遊從業人員，德州

奇蹟房貸

首先，我必須要表達我對露易絲及賀書屋出版品的感謝，謝謝他們打開了我對宇宙運轉的覺察。我最近的奇蹟都要歸功於這些教導。

我先生在二〇〇八年十月三十一日失業，我很害怕因為最近的不景氣而失去自己的家園。我們同意在二〇〇九年一月一日出售房子，但並不知道多久才賣得掉。我知道不能把注意力放在恐懼和匱乏之上，但是面對這個狀況我也不想不切實際。我針對這個問題靜心祈禱，得到一個內在的知曉，就是一切都會在最高的良善裡解決。我信任宇宙並且放鬆下來，但仍舊維持賣房子的計畫。

在期限前三天，我先生跟銀行進行了一次談話。他發現在我們不知情的狀況下，銀行犯了一個錯誤，那就是我們一直都在付雙重房貸，而我們的房貸將會在二〇一〇年四月付清！雖然我們現在失業，但若不須付這份房貸、再加上我們已付清的車貸，我們的財務狀況其實還不錯。這個房貸奇蹟正是我們需要的，完全將原本捉襟見肘的情況翻轉過來！我知道宇宙站在我這邊，但神聖的完美與適時的奇蹟仍讓我敬畏不已！

雪莉，工作坊領導人，澳洲

我的心正在歌唱！

我發現露易絲的方法時，已經對做了十四年的工作感到了無新意，我的理想幻滅，而且累壞了。我一直不斷生病，連續三年感染肺炎，總是覺得眼睛裡有異物，這還只不過是我的部分病徵。我嚮往更美好的事物，也想在自己及他人的生活中重新找回熱情，做出改變。

我從露易絲那裡學到要採取行動，而不是坐著空等別人來拯救。我預定了兩個月的假期，清空桌上的個人物品，歸類所有檔案，甚至拿掉桌上的名牌。有人說這樣看起來好像我不會回來了，但我只是笑笑，然後繼續做事。我從來沒有跟周遭的人分享這個祕密。

放假時我好好充了電，持續確認肯定我已經準備好要離開現在的工作，並且要扮演一個能「讓我的心唱歌」的角色。我開始照顧**自己**，因為我已經處在疼痛中好幾個月，甚至得吃止痛藥才能起床。我預定了一個遲來的身體檢查。

八週後，當我回到辦公室，就被告知公司正準備結束這個點。就在兩個月內，我被炒魷魚了。我很努力隱藏自己的興奮，但內在的我正獨自在做「波浪舞」——我不只離開這份工作，還帶著錢離開！

身體檢查結果發現，我有個相當大的卵巢瘤，我稱之為「茫提」，因為是我把它創造出來的，所以我想該為它取個名字。結束工作後，我就直接去動手術，並收到一個好消息，那就是這個腫瘤是良性的。我已經真正開始我的新生活了！

我現在是全職學生、作家及藝術家，最近開始接受訓練成為「療癒你的生命，達成你的夢想」工作坊的老師，也就是說我真的可以去做讓我的心唱歌的事了！

生命很美好，我很豐盛快樂，而且我永遠都感謝露易絲的書。這些書給了我一把鑰匙，讓我有能力離開自己創造的牢籠。當你了解到你可以做、可以是、可以改變任何事情，它就是這麼有威力。你只需要足夠的勇氣去想像，然後去相信！

珍妮，平面設計師，加州

顯化完美的家

我八年前住在一個相當不錯、但並不適合我一家人的房子裡。我想要一間保有獨立性、四周環繞著開放式空間的房子，朋友告訴我有個聽起來很完美的地方正符合我的需求。那是間古老的農場型房子，四周有大片土地，在一條充滿綠意的美麗私家道路上，位於寧靜的區域。我朋友告訴我屋主很快就要搬走了。

我走到這房子附近，很快就愛上了。我一直都是露易絲的書迷，便決定要應用她的顯化工具讓我的美夢成真。我照了房子的照片，放在冰箱上方，每天觀想自己就住在那裡。我幾乎每星期都帶坐在嬰兒車裡的女兒去那邊散步。我不斷觀想，並確認肯定這就是我們家的房子。

我先生和我最後終於能拜訪這間房子，和主人會面。我們協議不讓房地產經紀人經手，這樣就可以用好價錢買到房子。就在照下房子的照片一年後，我的家庭終於住進這個新家。然而，這個地方並不是毫無缺點。因為屋齡已經三十五年，而且從來都沒整修過，所以我先生和我計畫必定要來做些改建。

我們告訴自己，五年後就來做這件事。後來五年過去了，然後是六年，但是看起來似乎還不是改建的好時機。可是房子裡很多老舊的東西已經不堪使用，讓人非常苦惱。在第六年的時候，我知道得採取行動了。我想像了一幅願景地圖，包括夢想中的家的樣貌：美麗、和平、溫暖、吸引人，有個空間能讓家人齊聚一堂。我開始去觀想要如何呈現這個房子，裡裡外外都想到了，並確定這就是它看起來的樣子。

住在這房子的第七年，我們開始動工改建，目前正在創造夢想中的家園，感謝正面思考與肯定句！

與露易絲一起練習

為了接收宇宙無限的供給與豐盛，首先你必須要有接納豐盛的心態。如果沒有，那麼不管你說有多想要某個東西，你其實根本就不允許它進入你的生活。然而不管你抱持著「我是個失敗」的信念有多久了，那不過是個想法而已，你現在就可以選擇換成新的想法。

花幾分鐘的時間，透過以下的練習，專注在你想吸引到生命中的成功與豐盛。在另一張紙或筆記本上寫下答案。

你使用金錢的方式

寫下三個批判自己使用金錢的方式。也許你時常負債、很難存錢，或者無法享受金錢。

請針對每個狀況去想一個例子，趁你還沒傷害自己之前，譬如：

・我批評自己，因為：我花太多錢，又總是負債。我無法平衡我的預算。

・此時我馬上改成讚美自己，因為：我清償這個月的帳單，按時並帶著喜悅繳款。

鏡子練習

站起來並且把將雙臂展開，然後說：「**我敞開並接受所有的美好。**」感覺如何？現在看著鏡子並帶著感受再說一次。

你現在有什麼樣的感覺升起？是否感覺好像是從＿＿＿＿解放出來？（請在空格中填入你感受到的訊息。）

每天早上做這樣的練習。這是個很美妙的象徵性姿勢，能增加你的豐盛意識，將更多美好事物帶進你的生命。

你對金錢的感受

讓我們檢視你跟金錢有關的自我價值感，盡可能回答以下問題：

・回到鏡子前，看著自己的眼睛說：「我對金錢最大的恐懼就是＿＿＿＿＿＿＿＿。」寫下你的答案，並解釋為什麼你會有這種感受。
・當你在孩童時期，關於金錢你學到了什麼？
・你的父母是在什麼樣的時代之下成長的？他們對金錢的想法是什麼？
・在你的家庭裡是如何理財的呢？
・你現在如何處理金錢？
・對於你的金錢意識，有什麼是你想要改變的？

豐盛之海

你的豐盛意識並不在於金錢，但你的金錢之流卻仰賴你的豐盛意識。當你能構想更多數量，越來越多的豐盛就會來到你的生命中。

觀想你正站在海邊，往外看著廣大無邊的海洋，並且知道它反映了你所能獲得的豐盛。往下看著你的手，看看你正拿著哪種容器。是湯匙、有洞的頂針、紙杯、玻璃杯、平底無腳酒杯、水罐、水桶、澡缸，或者也許你拿著水管連結著這個豐盛之海？看看你的周遭，留意到不管有多少人，也不管他們拿著什麼樣的容器，這裡是如此豐盛盈滿，足夠給予每個人。你無法去掠奪他人，他們也無法掠奪你。你也不可能將這片海洋榨乾。你的容器就是你的意識，永遠可以被替換成更大的容器。經常做這個練習，去經驗擴張與無限供應的感受。

你的金錢意識

現在讓我們來檢視自我價值感的議題，這和你的財務狀況有關。請回答以下的問題。在每個問題之後，接著說一個或多個肯定句，來抵銷負面的信念。

- 你覺得自己值得擁有並享受金錢嗎？
- 你對金錢最大的恐懼是什麼？
- 從這個信念裡你可以「得到」什麼？
- 如果放掉這個信念，你害怕什麼事會發生？

肯定句

❤我在生命之流裡放鬆，並讓生命輕易自在地提供我需要的一切。
❤我是個沒有限制的存在體，以無限制的方式接收無限制的來源。

❤我是神聖豐盛的磁鐵。

❤我的生活是成功的。

❤我總是擁有我需要的一切。

❤我現在值得所有的美好。我允許美好的經驗充滿我的生命。

❤我是被祝福的，超越我最不可能實現的夢想。

❤我敞開與接受宇宙的一切美好與豐盛。

❤我被給予一個完美的家，我現在就接受它。

❤我的收入持續增加。

❤我值得最好的，我現在就接受最好的。

❤我允許自己繁榮昌盛。

❤我知道我是值得的，成功對我是安全的。

❤我活出並安居在全然的可能中。我所在之處一切都美好。

❤我擁有無限的豐盛並且分享，我是受祝福的。

❤我相信所有的需要都會被照顧。

❤生命是美妙的，在我的世界裡一切都是完美的，而且我總是進入更棒的美好裡。

❤各種富足都被我吸引而來。

❤有足夠的豐盛給每個人，包括我。

❤我現在接受我的美好，不論是來自可預期或無法預期的源頭。

吸引豐盛的處方箋

我完全的敞開，接受宇宙供給的繁榮興盛的豐盛之流。我所有的需要和欲望會在我要求之前就被滿足。我是受神聖指引並保護的，我做出對我有益的決定。我欣喜於別人的成功，知道有足夠的豐盛給我們所有人。我一直在增加豐盛意識覺知，而這會反映在我一直增加的收入上。我的美好來自每個地方與每個人。在我的世界裡一切都美好。

第五章

處理工作挑戰

我們每個人都在尋求成就感，而找到合適的職業便能大幅建立成就感。然而我們卻常聽到人們在抱怨工作，他們痛恨現在的工作，或者找不到工作，無法和老闆和諧相處，沒有賺到足夠的錢……這份清單可以一直列下去。你發現自己經常說這些或類似的話嗎？請記住，不管你在什麼職位，都是被你的想法所吸引而來的。放掉這些充滿限制的想法，允許自己朝能帶給你喜悅的方向前進。

以下故事的主人翁分享他們如何創造了理想的工作情境。

做夢也想不到的可能

瑪蘭妮，贈與部門主管，加州

我很幸運在一九九〇年代初和露易絲會面。和她見面時，我非常激動，因為我已經看她的書好幾年了，還分享給幾個朋友和家人，那感覺就像是「一見鍾情」！在幾個月裡，露易絲偶爾會問問我的建議，看看她可以贊助哪些非營利組織，而我也開心地和她分享我的想法。在我到了東岸幾年再回到加州時，我又很受祝福地可以跟她再次會面。當時我跟幾個當地組織一起工作，露易絲又再次問我賀書屋能為這個社群貢獻什麼。

二〇〇五年時，我做了一份很棒的工作，在社區中協助培育當地的孩子，舉辦特別的活動。之後，我發現自己想要以真實具體的方式來給予人們。於是當我在做自己每年的視覺觀想板時，我放了一張和露易絲的合照，照片裡的我們微笑著站在一塊，雙手往外敞開。在這張照片底下，我寫下這些字：**做夢也想不到的可能。**我常常把這塊板子拿出來做確認肯定：我有個在各方面都很棒的工作：**我和很棒的人一起做很棒的工作，也得到很棒的報酬，每天給出很棒的服務。**這句話來自露易絲的其中一位老師：佛羅倫斯．斯科維爾．希恩。

我的肯定句在二〇〇八年成真了！我得到賀書屋贈與部門的董事職位！我可以說這真是個「做夢也想不到的可能」，讓我得到了這個在各方面都很棒的工作！

非常感謝露易絲給我這個機會來分享她的願景：提供人們自療的方法，以及出版充滿力量的書籍來改善人類的生命。能跟著她學習也相當榮幸，與此同時，她也持續不斷教導經過她道路的人，分享她的愛、仁慈、美麗與幽默感。

安德雅，整體健康諮商師、天然食物廚師、作家，紐約

驚奇一點也不少

我二十八歲時有一份很棒的工作，覺得自己就像在世界頂端。接著我被診斷出甲狀腺機能亢進，醫生建議以放射碘和左旋甲狀腺素來治療。我反對放射線療法，尤其我母親就是因為接受放射線治療乳癌而過世的。因此我大大改變了飲食與生活方式，自然地治好了甲狀腺。

痊癒後不久，我每天工作結束之際，都感覺到空虛不滿足。內在有個小小的聲音告訴我，要我將所學拿去教導、幫助其他的人。我強烈渴望教學，卻害怕離開現有工作所擁有的安全感。我的恐懼讓我很氣餒：**我要怎麼開始新事業呢？我要如何推展行銷自己？我要怎麼付租金？我的薪水不過夠用而已，沒有多餘的錢了。**

有天我坐在咖啡館裡，腦中正不停縈繞著這些負面想法。有個男人問我能否跟我共桌，因為沒有其他空位了，我說可以。他注意到我的挫折，便問我在生活裡遇到了什麼事。我告訴他，我想離開目前的工作，開創新事業，但是我很害怕。他提到有位叫露易絲的女士，並寫了以下的句子給我：**我在宇宙中是安全的，所有生命都愛我並且支持我。**他建議我，每當負面念頭進入頭腦時，就用正面的肯定句去替換。

接下來三個月裡，這些負面念頭持續不斷自裡裡外外向我的腦子轟炸。雖然朋友和家人是為

我好，但他們的恐懼幾乎等同、甚至還加重了我的恐懼。我持續不斷地對抗，來改進我的想法，就像我為了改善健康而奮戰。我閱讀露易絲的書，並且再三複誦那位男士送給我的正面肯定句。

從公司回家的路上，當我正默念著真言，卻被狠狠「撞擊」了一下——不是被計程車撞到，而是被這個了悟「撞」到：在這個宇宙裡我真的**是**安全的，而且所有的生命**真的是**愛我和支持我的。我是如此感動，便停下腳步，大聲吼出肯定句。經過我身邊的人無不加快腳步，因為我看起來跟聽起來一定都像個瘋子。真相是，我找到了！

隔天我就提出辭呈。之後，我的生命再也不缺少驚奇：我寫了兩本暢銷書，目前正在寫第三本。我是《喝采頂尖大廚》所號召的參賽者，也是當地電視台的飲食專家，還主持了烹飪節目，教導人們如何為生病的人烹調，然後每年在不同的場合教導兩千名學生。最棒的是，我在宇宙裡是安全的，而且所有的生命都愛我並支持我。

露易絲，感謝妳，我愛妳。

泰爾瑪，個人支援工作者，巴西

工作場所的奇蹟

我被轉調到另一個部門時，正在一家跨國公司的行銷部門工作。很不幸的，我的新經理是個吃人魔，全公司沒有一個人喜歡他。雖然我很快就從他的人格面知道大家是對的，卻跟他一起工作了三年之久。那是很大的挑戰，因為每個認識我的人都勸我放棄。有天我和經理起了爭執，當時我對這樣的情況感到很厭煩，便告訴他再也不要跟他一起工作了。他要我繼續留任到他放假回來。

當他回到辦公室，我察覺到他有點不對勁——他沒法好好走路，看起來病得很重。我問他發生了什麼事，才知道他有椎間盤突出的問題。他非常痛苦，甚至無法走路，所以必須住院好幾天。當他回來工作時，我問他醫生診療的狀況。他以充滿恐懼的眼神看著我，讓我很同情他。在明顯忍住極大的痛苦後，他說他死定了，手術也無法幫他擺脫這個痛苦的狀況。我深深看著他，說我可以幫助他。他幾乎是哀求著要我幫他。

我告訴他《創造生命的奇蹟》這本書。我手邊沒有，但是可以在兩小時內拿給他。我到附近的書店，看到架上剛好只剩一本，好像在等我一樣。回到辦公室後，我把這本書放在他桌上，很嚴肅地告訴他，必須要閱讀**並且**練習所有適用的肯定句。

隔天他來找我，跟我說他已經把這本書全都看完了，並且沒有再感受到疼痛；事實上，他把所有該吃的藥都放在一邊。隔週，他完全變了一個人——更為快樂，而且一點痛苦也沒有。他告訴我，他知道自己已經沒問題了，而且要去找醫生確認。幾小時後，他很快樂地回到辦公室，說他的脊椎檢驗完全看不出有任何問題。醫生無法解釋這些症狀是如何解除的，因為他的椎間盤突出很難治療，幾乎不可能憑空消失。

公司裡每個人都問我到底對經理做了什麼。他變得如此不同，更有人性、更仁慈。這是十五年前發生的事；現在當我問他最近如何，他說從那之後他的脊椎就再也沒發生過任何問題。他將這治療的奇蹟歸功於露易絲，還買了很多本《創造生命的奇蹟》送給親朋好友。

美樂蒂，雇用服務主管，密西根

創造美妙的新工作

在「出人意外」地離婚之後，我決定上大學，好讓自己和孩子有更好的生活。身為單親媽媽，我要在兩個工作之間轉換、上課、做家事，雖然非常困難卻絕對值得。我花了六年才拿到人力資源管理學士，又花了三年在無數面談與諸多拒絕之後，才找到我「最愛」的工作。但幾個月後，我才了解我根本就無法勝任。我很確定我的不快樂是來自這家製造廠的敵對環境，並不是因為這個職位或工作本身。我從來沒有待過這麼有敵意的環境，我知道必須要找個工作壓力較小的環境才行。

在命運的帶領下，我並不需要辭職：這家公司在二〇〇一年九月二十八日縮編了。我當時只仰賴這份薪水度日，沒有存款，也沒有保險。雖然我真的哭了，還是覺得有種解放的感覺。我堅信，一扇門關閉時必定會有另一扇開啟，這給了我力量與鼓勵。

在我的生命裡，我已經克服了許多障礙，例如我父親的遺棄、貧窮、在少女時期懷孕、癌症、我先生的背叛，以及成為單親媽媽。從過往的經驗裡，我毫無疑問地知道，美好的事物將在這新的「挑戰」之後來到。

我之前買過《力量想法卡》，回家後便從盒子裡拿出兩張卡片。我大聲說：「其中一張會有給我的訊息。」沒錯，其中一張卡片的一面寫著：**「我正在創造一個美妙的新工作。」**另一面則是：**「我完全的敞開與接受美妙的新職位，運用我創意的天賦與能力，在很棒的地點和我喜愛的人一起工作，並且賺取優渥的酬勞。」**我把卡片放進皮包，每天都拿出來重複閱讀多次並確認肯定。我真的相信這個訊息，而我知道它將會發生。

六週後，我在一個政府代理機構得到人力資源的職位，我將在那裡教導失業的人如何尋找工作的技巧。這是一個被新創造出來的職位，我跟有相同看法的人一起工作，離我家不過五哩遠，位在一條美麗的河邊，戶外還有木板鋪成的河濱散步小徑，每小時的起薪比之前的工作還多。在九個月之間，我甚至成為主管並得到調薪。

這幾乎是十年前的事了。我非常滿意，覺得生命很有意義，見證了在我的指引與鼓勵之下所產生的結果。我看見人們進入這個辦公室時，肩上似乎承擔了全世界的重量，離開時眼中卻閃爍著希望的火花，這是非常快樂的一件事。我知道我所給予的幫助，為這些正在經歷艱困時期的人們注入了希望，這真是我工作中最大的獎賞。我不僅知道，而且**感受**到，我真正找到了合適的工作了。露易絲，謝謝妳！

在鏡子裡找到力量

我目前二十三歲，在我家鄰近的私立學校擔任助理約兩年。一開始我的老闆就告訴我，如果我的表現符合他們的期待，未來就可能會升遷。雖然如此，我並未對此寄予厚望。我依舊持續工作著，沒有很大的期待。

我有一本露易絲的書，已經買了好一段時間，卻從來沒打開來看過。現在我開始專心看這本書，甚至會在鏡子前練習改變生命的肯定句。猜猜看發生了什麼事？就在一個月之後，我升職了！我簡直不敢相信這麼快就發生！我非常開心，對新職位充滿了熱忱！

現在，每當我感到害怕，不知道生命或宇宙將會帶給我什麼時，我會馬上回到鏡子前「練習」。這不是很瘋狂嗎？我們擁有真正可以快樂的機會，擁有值得擁有的一切，但有時候我們就是忘了其實這真的是可以實現的。我真的很感謝露易絲，感謝她有勇氣去教導人們這些有智慧的事情。期待她的新書，希望很快就能翻譯成希臘文。

克羅諾保羅，護理學校老師，希臘

成為我曾經所是的完美女人

多年前，當我還是個十多歲的少女，在牙買加的家鄉長大，父親和我參加過「心智科學」會議，我們在那裡學習了歐內斯特・赫爾姆斯（譯注：美國作家與心靈導師，也是心理學巨著《心智科學》的

安，馬匹按摩治療師與騎術教練，加拿大

作者）的方法。一九八〇年代中期，我父親遇到了露易絲的書，他真的很喜歡這些書，常常跟家人分享。露易絲改變了他的生命，他的事業也因此茁壯成長。對我來說，在成長的過程中，我知道我的頭腦是有創意的，而且我要為自己的宇宙負責。隨著時間過去，我結了婚，有了小孩，但是生命似乎把我絆住了，我忘記了從父親與露易絲那裡學到的東西。我經歷了一場很嚴重的憂鬱症，失去了自己。

當我四十歲時，我發現自己開始對父親多年前閱讀的作者產生興趣，我又再次找到了露易絲的書，特別是《創造生命的奇蹟》。這本書教導了我寬恕的重要，直到我真正去寬恕生命中的某些人，生命才開始有了改變。我童年時曾遭受性虐待，家裡曾被武裝侵入。隨著露易絲而來的肯定句力量，以及與天使說話，我成為曾經所是的女人。

到了二〇〇九年，我已經五十歲了，在這一年裡，我的生命有了很大的翻轉。有個朋友和我成為事業夥伴，開創了專為女人服務的「知識網路」。其中一個課程就是使用馬匹當作自己的鏡子：透過整合的療癒法，我們從馬兒身上學到很多。這是一個非常有力量、讓我們進入真正所是的旅程。我也很興奮地開始了其他的課程，包括有機烹飪課、居家健康生活，以及「為自由舞蹈」。

我是如此感謝露易絲在三十年前啟發了父親、改變了他的生命，也給了我一個典範，讓我透過工作活出最棒的生命來幫助他人。

所有面試者中的最佳人選

我最好的朋友諾耶在八〇年代末時，送給我第一本露易絲的書《創造生命的奇蹟》。在過去的二十年裡，露易絲已成為我們的奇蹟——諾耶和我用過很多很多次她的技巧，也傳遞她美妙的智慧之語與鼓勵給其他人。

我個人的其中一個奇蹟發生在一九九一年初，當時我採用露易絲的建議，寫下了自己的肯定句。那時我正在「只要找到工作」，或者是尋找到「對」的工作之間擺盪。我在卡片上寫下肯定句，晚上就放到枕頭下伴我入眠。白天的時候，我會大聲念出來，有時候按照露易絲建議，在鏡子前看著自己並念出肯定句。

開始這個練習幾週後，我向《讀者文摘》應徵工作，接下來他們就叫我到濃縮摘要部去面試。負責面試的女士說，她已經為這個職位面試了一百七十五個人，卻似乎都還不太「對」。很開心的是，她覺得**我是**適當的人選。那是份很獨特的兼差工作，因為它擁有所有的員工福利，而這也是我極度需要的。當時《讀者文摘》有超過兩萬名員工，而這是公司裡唯一擁有完整員工福利的兼差工作。我簡直無法相信！我下午有另一份兼差；一年後，兩家公司都想全職雇用我。我選擇了《讀者文摘》的這份工作，在那裡工作了十年。

露易絲，妳持續啟發我、我的家人及朋友。我們彼此交談時會說：「去看看露易絲，你可以療癒你自己。」我們知道每次打開妳的書，就會直接帶領我們到當時需要的段落。謝謝妳給我們

唐娜，辦公室主任，紐約

的一切！

米爾娜，作家，墨西哥

展望光明的未來

二〇〇三年十月的亞特蘭大：如同在「我可以做到！」大會背後的力量與名稱，當露易絲一走到台上，就像一道火燄觸動了我的生命。她的熱誠完全占據了我，我狂熱潦草地在筆記本裡試圖攫取她所說的一切。

隨著她的建議，我寫下一些「美味可口」的回憶，跟一張想要如何生活的清單。此外，我觀想了如下的生活：我會去上瑜伽課和肚皮舞課程；沿著海邊騎單車，然後每天在工作室裡寫作，面對一扇大大的窗戶，在那裡月亮和太陽會在風的韻律之下，隨著繆思女神起舞。

露易絲那天所說的每件事，以及整個的大會，都和我的內在起共鳴。但是有句話真正點燃了我的靈魂：「我不知道未來有什麼，但我對未來感到非常興奮！」我帶著這個希望的武器裝備好自己，我內在的戰士被喚醒了，開始工作。

我將露易絲所說的關於宇宙是如何回應我們的想法，以及選擇喜悅與正面的想法有多麼重要等觀念銘記在心，我開始去確認肯定在我（以及我先生）生命中的改變。我們在二〇〇四年五月賣掉了美國的財產，搬到墨西哥的科蘇梅，在那裡建造了天堂般的家園，與一個讓我們的心歌唱的事業。

我現在早上五點就起床，騎著單車穿過鎮上，接受海洋的熱烈歡迎。每隔一天，我練習瑜伽或去上肚皮舞課程；午後，我就在工作室的「保護區」裡寫作。我坐在一張有方格的木桌前，面對一扇大窗戶，在那裡月亮和太陽交替為繆思點亮道路，透過我而自由起舞。

這個舞蹈漸漸成形了。二〇〇九年年初，我的第一本書在全世界的主要電子通路上都買得到——證明宇宙真的回應了我們的想法。

藉由用希望替換恐懼，露易絲使我的信仰復甦。我現在知道每個經驗對我來說都是美好的，不管未來會發生什麼，都是很刺激有趣的！

羅賓，療癒治療師與診所護士專員，澳洲

工作遭遇能帶你檢視生命

露易絲真正觸動我生命的那一刻發生在一九九九年，當時我在精神病院當護士。我在那裡的時候，病人對我的侵犯似乎越演越烈。有位病人在肢體上騷擾我，我僵住了——我知道我必須要離開。我是個相當溫和的靈魂，而這個環境真的影響了我。

在某個情況下，我去了當地一家新時代書店，正疑惑著生命將何去何從。那時，我看到《創造生命的奇蹟》，其他就成為歷史了！我往前邁進，再也不回頭看。我體認出這個事實：工作場所的經驗鼓勵我去看過往的歷史，及其所造成的影響。有很多人透過露易絲的方式讓身體得以康復，雖然我的經驗比較是在工作上，但我知道我還是需要關注生命中那些困難的事，以防止將來身體有任何疾病或症狀發生。

多年來我一直在女性生殖相關區域有許多課題，包括流產、子宮外孕與死產。幾年之中，我經歷了喪母和喪女的悲劇，度過了一段極度悲傷的過程，包括做了些一點也不值得驕傲的事，更不用說我遭受了多麼大的罪惡感與自我價值低落。我體認到我精神病院的工作，不過是反映出生命中的面向：那些需要自我檢視才能繼續在道路上前進的面向。

現在，多虧跟著露易絲的書與CD一起練習，我可以很誠實地說我已經在一個全新的層次裡學會愛自己。到今天我還是會練習露易絲的肯定句，和個案分享。是的，我現在是個治療師，以及以各種不同療法來做療癒的老師。我覺得現在的工作是完美的，在那裡我一直都被愛與正面能量所圍繞。

我鼓勵每個個案都要有一本《創造生命的奇蹟》與CD，還特別喜歡《露易絲．賀選輯》，因為它代表了露易絲方法的美麗。如果來到我這裡的個案和學生能從我受到的祝福中得到一點收穫，那就是我或其他人所希冀的。

露易絲，謝謝妳感動了如此多的生命！

寶妮，藝術家，麻州

卵巢囊腫與長期壓抑創造力

我一直都是個藝術家，事實上，處在創意裡能使我在運作不正常的家庭裡保持清醒。我記得我十九歲就說過：「我會成為藝術家。」但我一直都沒有走那條路，直到五年後的一九八七年才被「敲醒」。當時我在財富雜誌前五百大的公司做行銷。在每年一次的例行性婦科檢查後，發現我的卵巢上有個很大的囊腫。然而，原本應該是很簡單的手術竟演變成大手術——我甚至還不知道我病得很重。

我姊姊買了《創造生命的奇蹟》當作祝我康復的禮物，這也是我靈性覺醒的開始。書中的資訊對我來說相當陌生，但我對這些觀念保持敞開。我疑惑著為何我會得這樣的疾病，直到我讀到卵巢代表創造與創意之點，當下腦中鈴聲大作：我一直壓抑我的創造力，否認自己喜歡做的事情。我一直都是藝術家，但是在發生這個經驗之前，我卻從來沒有勇氣向前。我了解到生命是很珍貴的，而你永遠都不會知道何時該離開這個星球。所以我決定辭掉工作，回到大學。

我必須要做出犧牲。我有份全職工作，也是全職學生，還在手作市集製作並販售飾品。我總共花了七年才完成藝術學士學位，但是我做到了！露易絲幫助了我，讓我達到現在的位置。

我的生命因為她的教導，不斷越來越美好。現在我是個成功的藝術家，熱愛個人成長的領域。露易絲總是和我在一起——她在我的床頭櫃、廚房跟車子裡；她協助我去幫助自己活在美好的新生活中。我永遠感謝露易絲，因為她，我可以很確定地說：「在我所在的無窮生命裡，所有皆完美、一體與完整。」我從心底深深感謝她。

開啟許多靈感的經驗

佩姬，芳香療法治療師與老師，英國

我的生命是一連串奇蹟。我四十多歲住在北威爾斯時，第一個奇蹟發生了。當時我正經歷婚姻上的危機，非常不快樂。看了《創造生命的奇蹟》之後，我把書裡很有創意的觀想及肯定句錄下來。完成錄音後，我去拜訪住在鄰近村落的女兒。我抵達的時候，她告訴我她即將搬家，還邀請我住在她現有的房子裡幾星期，好好想想自己的處境。我住在那裡的時候，一直聆聽那段錄音，經驗到越來越強大的視覺、聽覺及心電感應能力，完全改變了我的生命。接下來的幾年，我重新接受訓練，最後認證為芳香療法治療師與諮商師。

我決定接受訓練成為露易絲旗下的老師，中途卻出了車禍！到達上課地點時，我的背痛得很厲害。然而，我被許多正面與充滿愛的人圍繞著，很快就忘記了痛苦。在三天的課程中，我學到如何使用露易絲的肯定句，同時創造自己的肯定句，接著是如何把她的教導放入練習之中，來訓練他人去使用這些教導。到了第三天，我的身體已經復元到能跟夥伴一起跳舞了！

課程結束時，我有了靈感，想要開設芳香療法加按摩的週末課程。我跟按摩課的學生分享我在露易絲訓練課程中學到的技巧、肯定句與歌曲。這讓他們更有信心與陌生人在親密的環境下一起工作。我現在可以真正地說，在將近七十歲時，我擁有了夢想中的職業。

順帶一提一件有趣的事：我現在住在西班牙南部，在我來到這裡不久，就看到一棟超級棒的房子正在招租；很不幸的，到我有時間去看時，早就賣掉了。我多次經過，羨慕著從那裡看到鄰近教堂廣場的絕佳景致，同時繼續觀想住在那裡會有什麼感覺。最後我遇到了這棟房子的新主人，我們成了好朋友。一年後，因為這位朋友得搬回英國，而我現在就租了這間房子。

我不斷被露易絲的書、CD與DVD所啟發，而且正享受著更多美妙的經驗。我感覺到自己真正被祝福著。

我現在是個自由的女人

麗莎，個人特助，俄亥俄州

我的生命在過去這一年發生了劇烈的變化，我相信露易絲的書和教導是啟發這些改變的催化劑。

我生活在一段沒有愛且充滿言語暴力的婚姻中長達十五年，還相信自己根本無法離開。兩年前我看了《創造生命的奇蹟》，就像是有人為我打開了一扇我從不知道的大門。對我而言，每件事情的意義開始變得更為清楚，我對生命的意圖則更專注、更清晰。當我看著這本書的電影，我確認了新發現的信念，那就是在我之內擁有力量，可以讓生命成為想要的樣子。我可以為自己和孩子創造新的生活，一個充滿快樂與和平的生活。

我開始每天帶著意圖靜心。我會觀想希望生活變得如何，大聲說出肯定句。第一個肯定句跟和平地離開我的婚姻有關，第二句則與工作有關。我是個帶著三個孩子的家庭主婦，而我先生掌控家中的經濟大權。我知道我需要一份收入不錯的工作，好讓我的生活順利度過過渡期。

我練習肯定句時，會以「我現在接收到了」作結。我發現當我大聲說出那些話語時，我的心感覺更輕盈，好像舒緩了身上壓抑許久的憂慮，宇宙將這些憂慮帶走了。我很高興並感恩地告訴各位，我的婚姻是以文明的方式結束，而且我得到了一份很棒的工作。在這樣的經濟環境下，能棲息在這樣的工作裡本身就是奇蹟。我的家人和朋友都很驚訝，但我微笑以對，知道宇宙在這裡與我同在。

在這整個過程裡，我持續不斷保持感恩，這是我肯定句的中心主旨，我將我的話語像祈禱般奉獻給聖靈與我的指導靈；祂們是如此忠誠可靠地對待我。

露易絲，感謝妳的教導，妳大大啟發了我。因為有妳，我現在是個自由的女人，有著美妙的工作與更好的生活。

瑪麗．瑪格麗特，企業執行長，澳洲

背痛與對金錢的恐懼

我一九九四年因為嚴重的背痛而住院。我因疼痛接受注射，且需要用身體牽引機治療，醫生卻無法確知病因。

經歷這一切的時候，我姊姊打電話問我疼痛的位置。當我告訴她在腰部下方，她回答：「妳是因為罪惡感與對金錢的恐懼而受苦。」

我的婚姻在維持了二十年後不得不告終，當時我住在陳設簡單的小公寓裡。我沒有錢，新事業又還在起步階段。姊姊說的話讓我很震驚，便問她：「妳怎麼會知道？」

「就在《創造生命的奇蹟》這本書裡。」她解釋道。

有位朋友來看我，還幫我買了這本書，我馬上就讀了一大半。隔天我就出院了（一絲疼痛都沒有），成為吸收露易絲話語的海綿。正面肯定句是我的生命，我活出並在露易絲的方法裡呼吸。

我在一九九七年偶然發現一本關於「愛你自己，療癒你的生命」訓練課程的小冊子，地點在加州的聖地牙哥。雖然我正努力建立我的新事業，卻決定去參加課程。之後我回到澳洲的家，在接下來的四年裡於週末開設這類訓練課程，同時繼續建立我的事業。

我完成了心理學博士學位，現在是數百萬美元營收的私人護理服務（這是我的公司）的企業執行長。我在二〇〇七年設立了一間學習機構，我在那裡教授個人發展等課程，並融合了露易絲的教導。我跟所有員工分享露易絲的訊息，在每個月月會上提供肯定句。我的兩個兒子和媳婦也和我一起工作，一起分享我對露易絲的愛與她所做的事。

我的背痛從未復發，現在，我是健康、快樂而富足的。我可以很驕傲地說我仍持續做露易絲的工作，因為現在那也成為我的工作了。

蒙緹，室內設計師，密蘇里州

拿出我的內在力量

十五年前，我是個帶著兩個十幾歲孩子的年輕寡婦。我先生因為心臟病發驟然病逝，不過一個呼吸之間，我的世界就整個上下翻轉了。我對他的事業一無所知，卻愚蠢地以為遺產清算就能解決一切。事情很快就變得非常醜惡，很顯然我必須要重新振作起來，扮演好三種角色。第一是做個聰明的生意人（即使我根本沒經驗），第二是為兩個嚇壞的孩子做個體貼又充滿愛的母親，第三個則是面對我自己的悲傷。

我一直都是很靈性的人，當時卻一點也幫不上忙。我先生的公司裡有幾個人在跟我對抗，我的生活看起來真是一團糟。某天，在又一個含淚入眠的夜晚後，我在一家書店的自助書籍類書櫃前瀏覽，尋找奇蹟。當我正從書架上拿起一本書，旁邊的另一本書就直接落在我腳邊。我把那本書撿起來，想說這必定是我需要的那一本，那本書就是《創造生命的奇蹟》。

在買了露易絲的書並熟讀幾次後，我了解到選擇能夠給予我力量的想法是很重要的。負面的想法或表現得像個受害者，並不符合我最大的利益：該是拿出內在力量的時候了。這本書給了我希望，將我大部分的恐懼沖刷殆盡。晚上睡不著時，我不再融化在眼淚裡或讓焦慮打擊我，我現在重複肯定句，觀想明天想怎麼做。事情開始一天一天朝正面改變。這真是太神奇了，我要感謝露易絲。

最後我重新掌握了生活，藉著設立辦公室、學習如何投資並營運自己的公司，到目前已經十一年了。我想我**真的**是生意人！我嫁給一個很棒的男人，他是我生命中的伴侶，也是我探索靈魂的夥伴，孩子們在各自的生活與工作中都很快樂與成功。露易絲改變了我的生命，當我繼續我的旅程，感到如此受祝福，可以傳遞她的智慧之語及書籍給我的親友（順帶一提，我先生、女兒和我真的見到了露易絲……真是太令人興奮了！我答應她我會和全世界分享我的故事，也很感恩有這樣的機會可以這麼做）。

從選擇想法開始改變生命

瑪麗．凱特，作家，愛爾蘭

二〇〇五年的時候，我非常不快樂，一生從來沒有這麼胖過，處在一段很糟糕的關係中，還養不活自己。我覺得很迷失，對於接下來四十年或五十年的生命，我實在無法繼續面對如此的掙扎。我決定去參加一個健康僻靜會，到那邊我才發現，身為貪婪讀者的我，生命中第一次忘記帶書！很幸運的，這個僻靜會有個圖書館，而《創造生命的奇蹟》吸引了我的注意。我把這本書拿到床邊開始閱讀。隔天我讀完的時候，我又再看了一次。我在看這本書的時候，感覺上就好像有個鈴聲在我的內在響起：這就是我一直在尋求的幫助。

那年秋天，我參加了幾個露易絲的工作坊，由一位很會激勵啟發人們的老師所帶領。當我回來，我結束了那份關係；雖然有些悲傷，但我已經準備好面對未來。我已經不快樂很多年了，現在我又再次快樂起來，因為我終於了解「選擇我的想法」這個真理的意思。當時我的外在似乎看不出有什麼大變化，但我所愛的人卻紛紛議論起我的轉化。然而更大的顯化正在進行。

我養成一種習慣，就是在家中的鏡子前揭曉露易絲的肯定句卡片。只要我記得，我就會在鏡子前祝福自己，而且每天聆聽她的靜心ＣＤ。不久，奇蹟就進入到我的生命裡。譬如，年初我從臨時雇員做起，只有少許收入，最後卻賺到空前多的錢，比全國平均薪資還高上許多。我贏得一個超棒的訓練課程名額，開始攻讀碩士學位，還拿到一筆很大的訂單。度蜜月時，我把自己帶到威尼斯去慶祝四十歲生日，朋友和我在那兒會合，一同度過了一個奇幻的週末。美妙的人開始進入我的生活，包括一位非常珍貴的導師與朋友，他大大幫助了我的工作。人們開始在想，這真是個笑話，我怎麼突然之間變得如此幸運。

直到今天，我還是持續得到很棒的機會，又因為工作的關係旅遊世界各地，這是我非常熱愛的。我也更照顧自己的身體，現在我喜歡自己；我的身體變得更強壯、更輕盈，也更結實了。我生命中的所有關係從沒這麼好過，雖然我的生活並不完美（而且**我**一定不是完美的），但是我大部分的時候都活在感激的狀態裡。好比我摯愛的父親在二〇〇六年末毫無預期過世時，雖然我非常想念他，但我藉由練習感恩與感激他過世前給予我的一切，來調適失去他的失落感。

各式各樣大大小小的獎賞，持續不斷湧入我的生命。一天之中，露易絲有很多時候都和我在一起，特別是在我醒時與睡前。她的方法不只療癒了我的生命，還**拯救**了我的生命。我對她的感恩無可言喻。

戴文，文案，加州

永遠信任正面肯定句的力量

回到一九九三年，我的朋友艾莉莎和我在同一家廣告公司工作，但我們的處境很悲慘。大約有三十個人（多半是愛閒言閒語的女人）擠在一間跟快餐店差不多大的辦公空間裡，裡頭有很多負面能量。

每天的午餐時間，艾莉莎和我會在附近走走，練習正面肯定句。我們兩個都是露易絲的書迷，便使用她的正面想法來適應我們的環境，也在每天下午重複像是以下的句子：**「我們一起在所愛的公司裡工作。我們因為所做的工作得到很好的收入，我們的收入持續增加。我們和同事之間關係良好。」**但是，因為當時我們住在四十五哩遠的地方，覺得兩個人要能再次同在一處工作，可能性實在是很小。

然而，永遠都要信任肯定句的力量……後來我們工作的那家公司解雇了所有員工，所以我和艾莉莎就各奔東西了。我到另一家廣告公司擔任文案（但是我並不享受這個工作），艾莉莎回到學校。出乎意料的，我接到四年前短暫工作過的公司打來的電話。當時這家公司就位於我和艾莉莎住所的中點，而負責雇用員工的人剛好是我的另一個朋友。他說這家公司正想找個藝術總監，問我是否知道有任何適合的人選。我馬上想到了艾莉莎。

讓我長話短說——她被錄用了。幾週後，我接到另一通電話，問我是否想回這家公司擔任文案。我當然說好！所以，艾莉莎和我最後又一起在我們喜愛的公司上班，在不小的程度上是因為我們對露易絲的仰慕，以及我們所共享的正面肯定句。我們一直在這裡待了快樂的……**十六年！**

與露易絲一起練習

我們之所以處於今天的位置，都是因為我們選擇的思考模式。周遭的人們和「問題」只不過是反映出我們相信自己值得擁有的。

如果你對工作的想法都是負面的，你如何能期待創造出一個快樂的工作環境？祝福你現在的位置（不管你現在有沒有工作），並且了解不管你在哪裡，這是你接下來人生道路上的墊腳石。藉由以下的練習，將心智專注在想要的職涯與工作環境上。在另一張紙或筆記本上寫下答案。

集中你自己

在開始之前，花點時間集中自己。將你的右手放在下腹部，觀想這個區域是你存在的中心。呼吸，看進鏡子裡，然後說三次：「**我願意釋放在工作裡對於不快樂的需求。**」每一次，以有點不同的方式說出來。你要做的就是增加你對改變的承諾。

關於你的工作

讓我們來探索一下你對工作的想法：

- 你在一個愉快的環境裡工作嗎？
- 在你現在的工作裡，你想要改變什麼？
- 關於你的老闆，你希望能改變什麼？
- 你覺得你值得擁有一份好工作嗎？
- 對於工作你最恐懼的是什麼？
- 你是從哪裡「得到」這個信念的？

思考一下經濟狀況

很多人擔心景氣，也相信當前的經濟狀況會使人不是得到、就是失去金錢。然而，景氣就是一直上上下下的。所以外在發生什麼根本就不重要，或者別人做什麼來改變經濟也不重要。不管世界的「外面」發生了什麼事，最重要的是你自己相信的是什麼。

現在，想想你會有怎麼樣的完美工作。釋放所有對景氣的恐懼，真正勇敢去做夢。

花點時間，看見你自己就在這個工作裡。觀想你自己在這個環境裡，看到你的同事，去感受做一個讓你完全滿足的工作時的感覺——當你的薪水很高的時候。抱持這個景象，並且知道在你的意識裡已經實現了。

描述在你工作環境裡的人們

你對你現在的工作感受如何？用十個形容詞來描述你的：

- 老闆
- 同事
- 職位

用愛祝福

用愛祝福是威力強大的工具。在你抵達工作地點前，先送出愛與祝福。用愛來祝福每個人、每個地方與每個事物。如果你跟同事、老闆、供應商，甚至跟大樓裡的溫度之間有問題，用愛來祝福。確認肯定妳和人或情境，在完美的和諧之中達成了協議。

選擇以下其中一句肯定句，或者創造你自己的肯定句，來符合你現在工作場所的狀況，然後不斷複誦。每當這個人或這個情況進入腦中，再重複這句肯定句。消除掉你腦中跟這個課題有關的負面能量。你可以只藉由思考就改變這個經驗。

肯定句

❤我工作時總是很快樂。我的工作充滿了喜悅、笑聲與豐盛。
❤我的工作能讓我自由表達我的創造力。我做我喜愛的事，並賺取很多金錢。
❤我正在完美的地方，我很有能力與競爭力。
❤我超越我父母的收入層次。
❤我總是為最棒的老闆工作，他總是以愛與尊重對待我。
❤在我的服務裡有很多的客戶。
❤我享受我做的工作，以及和我一起工作的人。
❤我在我的心智裡創造和平，我的工作環境也反映這個狀態。
❤我的工作受到每個人的肯定。
❤我對我所做的一切感到滿足。
❤我的收入持續增加，與景氣無關。

- 我接觸到的一切都會成功。
- 我和我的工作環境及裡面所有的人，都處在完美的和諧之中。
- 我的老闆很慷慨，也容易共事。
- 工作裡的每個人都感激我。
- 我敞開與接受新的收入管道。
- 我將每個經驗轉化成機會。
- 我現在接受一份美妙的新工作。
- 我完全敞開和接受能運用我所有天賦與能力的美妙新職位。
- 新的大門永遠都會打開。

工作挑戰的處方箋

我獨特有創意的天賦與能力流經我，並以非常令人滿意的方式表現出來。總是有很多人一直在尋求我的服務。我一直都是被需要的，而我可以挑選我想做的。我做令我滿意的工作，並從中賺取很多金錢。我的工作是喜悅與歡樂的。在我的世界裡一切都美好。

第六章 處理孩子與家庭的問題

信念模式會透過家庭傳遞，因為孩子們會被身邊人的心智狀態所影響。不管父母相信什麼，譬如說財富、健康、罪惡感與愛等等，我們通常都會接受一樣的信念。長大成人後，我們還是時常會繼續持有這個模式。

請不要把這個視為憎恨父母的藉口，並把所有問題歸咎於過去。那只不過讓你繼續陷在受害者心態裡，然後再把這些不快樂的信念傳遞給你的孩子、孫子。你現在有機會能藉由寬恕及放下過去來打破循環。當你從內在創造出和諧，整個家庭都會因此而創造出和諧。

以下的故事描繪出運用部分的方法，來讓孩子與家庭問題因而療癒或轉化。

幫助孩子離開黑暗

羅南與麥吉，養父母，佛蒙特州

我們是一對同性戀伴侶與養父母，收容一些被數個安置所拒收的青少年。孩子們來到這裡時，通常都充滿了負面的想法，想要控制環境裡所有的人事物，通常這也是造成不快樂的原因。每個男孩和女孩在心靈上都受過傷，所以我們很感激露易絲一直帶給我們的幫助，讓這些年輕人可以療癒自己。

每天我們都會攤開露易絲的《力量想法卡》，然後每個人挑出一張卡片，念出當日的訊息。我們去比較遠的地方時，就會在車上播放露易絲的CD，提供這些青少年正面訊息。當我們播放露易絲的DVD時，他們常常看到淚流不止，覺得這部片子似乎就在直接跟他們說話。露易絲的訊息強化了我們給這些孩子的訊息，像是他們是很棒、有價值的人，值得尊重與尊嚴，而他們可以用正面的態度吸引美好事物到他們的生命中。

我們也看到，我們在幫助這些年輕男女療癒自己時，**自己**也同時療癒了以前所不知道需要被療癒的部分。透過幫助孩子們學習如何為自己的快樂負起責任，我們也更清晰地明瞭這個訊息：透過幫助他們學習去寬恕父母施加在他們身上的事，我們也憶起去寬恕在我們生命中的人們。

露易絲的方法讓整個療癒工作變得更為容易，不然可能完全不是這麼一回事。她是我們家庭的祝福，我們深深感激她及她的作品。我希望她知道有多少人曾受到她的啟發，有多少生命從此活在光中，遠離黑暗。

肯定句在孩子身上也有效！

卡拉，網路行銷專員，德州

我的女兒海莉上了幼稚園，因為太愛講話，一週內收到好幾次「警告紅單」。我告訴她：「寶貝，妳要專心上課，不可以再講話了。」但是什麼都沒改變。升上小學一年級的時候，同樣的問題又發生了。我採取了不同的方法，威脅要拿走她的東西，但這實在也沒什麼用。

海莉升上二年級，有人向我介紹了露易絲。我早已是《祕密》的書迷——偉恩．戴爾與艾瑟爾．希克斯；然而，《創造生命的奇蹟》移除了遮蔽我眼前的一切。

海莉依舊我行我素。頭九個星期，當我收到老師說她「愛講話」的評論時，我跟她的老師談了一會兒。她告訴我，我的女兒只是喜歡交際，不需要太擔心。她說海莉很受班上同學的喜愛，也不會干擾他人——她只不過是回應試著要得到她注意力的人罷了。

就像我女兒一樣，我也是非常喜歡交際的人，也不想因為這樣而去責備她，畢竟這是我希望她擁有的特質。因此，我想到一個適合她的肯定句，我們時常一起複誦：**我是個很好的傾聽者。**我認為如果她想要做個好的傾聽者，她就無法一邊傾聽一邊說話。這個方法成功了：海莉在剩下的學年裡，沒有再收到任何的警告紅單。她也學到跟朋友們分享正面想法，讓我非常引以為傲。

我才剛讓我女兒開始練習新的肯定句。一年級的時候，她被認為是「閱讀遲緩」，而且老師們還真的這樣告訴她。我最近收到其中一位老師的信，說明海莉的閱讀障礙需要更多協助。我回覆這位老師，向她解釋我將如何帶領海莉的方法。我很認真地告訴她：「我堅定地相信妳會成為妳所想的。這些年裡海莉被人家講了這麼多次，她知道這是真的。我要用來幫助她的方法，在我們身上一直都很有效。妳可以說我瘋了，但是在海莉和我身上都很有用。因此，我們創造出來的正面肯定句是：**我了解我所閱讀的一切。**」

我把這句最新的肯定句印在紙上及隨手貼上，還放在家裡的每個地方，甚至冰箱裡也有，我也在海莉從學校帶回家的每個筆記本和檔案夾裡貼上隨手貼。才不過五天，她已經在閱讀上表達出更多自信。

露易絲，謝謝妳，妳真是太棒了。

康妮，待業中，佛羅里達州

不可能的美夢成真了

當時是一九九〇年，我已經結婚十年，一直渴望有小孩。對我來說，「擁有自己的小孩」並不是個強烈的欲望，因為我是被領養的。我的養母也是被領養的，即使我的生母也是。雖然有個親生的小孩是個祝福，但將我的染色體繁衍下去並不是什麼特別的事，我只是想要有個小孩來愛。然而，我的先生和我在辦理領養的過程中，經歷了幾次挫折，覺得厄運連連。到了四十歲，我確定我的母性生理時鐘已經到期，於是我開始閱讀《創造生命的奇蹟》。

我是個有「過橋恐懼症」的人，不難想像我的家人有多驚訝，我在不認識任何人的情況下，獨自飛往羅馬尼亞。但是露易絲幫助我了解我的命運，我直覺知道在那個國家有個小孩在等我。我每晚都傾聽露易絲的CD。在我和那些不會說英文的人一起分租的小公寓裡，每天晚上當我閉上眼睛睡覺，是她的聲音陪伴我面對危險與絕望。很少人可以想像我在白天時看到的景象：嬰兒因為愛滋病瀕臨死亡；街上的孩童乞討食物；專門收容身心障礙孩子的孤兒院骯髒污穢、寒冷、居住條件很差；在坦克車裡的士兵們，面對手無寸鐵尋求自由的示威者。我了解到我們是生活在一個將「文明世界」視為理所當然的地方。但當我真的找到了那個在等待我的嬰兒，你可以想像我的喜悅……然後我回到美國，並在兩年後又再次回來經歷這一切。

今天，我先生和我領養的這兩個羅馬尼亞裔的孩子已經長大成人。我們的兒子克服了許多挑戰，譬如「無法成長茁壯」與嚴重的身心障礙。在七年級的時候，所謂的專家說，他的腦部受傷太嚴重，不可能學習閱讀或取得高中學位。但是，他成功超越了他們的期望：他在高中最後一年以優異成績取得了英文、物理與代數二級的學分，他不僅畢業了，還得到大學的部分獎學金。在繼續受教育之前，他選擇到軍中服役。我們的女兒同樣也面對許多的挑戰，但是她現在一邊做兩份工作，一邊在大學當全職學生，平均成績是3.8分（譯注：美國大學平均成績最高為4.0分）。

謝謝露易絲鼓勵了我。她的話語讓兩個孩子有了家，在佛羅里達州的奧蘭多，許多夢想成真了。露易絲最棒的地方就是幫助人們療癒過去，並讓不可能的美夢成真，而這也是我可以證明的。

全家庭信心大躍進

南西，英語教學老師，德國

學習如何創造健康、快樂與滿足的生活，已經是我們整個家庭的奇蹟，而我們把這歸功於露易絲。在我第二個兒子出生後不久，我開始因為各種不同的病毒與細菌感染而病得很重。當我再度感冒、發生某種感染，或者臉或胸部又突然爆發了什麼之際，看來似乎是把力量拿回來的時候了。當時我不間斷地做兩份兼差工作，我的先生則是在上夜班。我們很少看到對方，總是覺得筋疲力竭，但是我們以為一切都還在控制之中。

最後我對不斷生病感到厭倦，便去看了一位另類療法的醫師以尋求建議。除此之外，他建議我看《療癒你的身體》，這本書帶領我找到《創造生命的奇蹟》。很幸運的，我先生和我對這些書都很「敞開」——他以母語德語來閱讀，而我是看英文版。我們覺得露易絲的觀念很有道理，便開始實際練習。我們第一個嘗試的肯定句是用來幫助大兒子，他整晚不斷咳嗽，幾乎無法入睡。我先生花了一個晚上躺在兒子身邊，兩人互相依偎著，以簡單的方式複誦露易絲的句子。這真是超簡單又有用。我們的兒子很平靜地睡著了，咳嗽也消失不見，再也沒有復發。

之後，我們的生命有了很大的改變。我先生和我做了很多靈魂的找尋、靜心與寬恕。在大約六個月的時間裡，我覺得更健康了；我先生有了一份更符合家庭作息的新工作，而我們兩個都能以更慈悲、了解、耐心與愛的態度來看待生命。露易絲的觀念也成為我們養育小孩很大的一部分。為了符合孩子們的年齡與個性，我替他們錄製了自己的肯定句；雖然錄音是多年前製作的，孩子們還是經常在睡前聆聽。我們會聽見露易絲的觀念從他們的嘴巴裡冒出來，當他們說：「我的肯定句是：**我現在在學校裡做得更棒了**」，或是「**當（這個情況）不適用的時候，我改變了我的想法。**」

雖然一直都要面對新的挑戰，但我們從露易絲身上學習的成果，使整個家庭都覺得早就整裝待發去面對這些挑戰。我們在生活裡選擇採取她的信念，這是個信心的大躍進，並真正給予了我們奇蹟。我們愛她，再怎麼感謝她也不夠。

卡羅琳，非營利整體學習中心董事，維吉尼亞州

兩個母親

我在一個情緒波動很大、動輒辱罵虐待的家庭中長大，雙親都酗酒。當我父親在四十二歲自殺時，我很天真地以為既然他死了，我母親的酗酒問題應該也會消失。但是天啊，她甚至喝得比以前還多。身為家中的長女，我替母親與弟弟承擔了更多的責任。

多年後，我搬出去過自己的生活，母親時常會在喝醉酒後的恍惚狀態下打電話給我，跟我說她現在正把頭放在瓦斯爐上。我仍然希望她可以快樂，但我了解到除了**她自己**，沒有人可以帶給她喜悅。我告訴她可以選擇去走瓦斯爐的這條路，或者她可以到我這裡來，讓我幫助她的生活重回常軌。她選擇了後者，最終落腳在一個專為酗酒女性設立的中途之家，在那裡接受照顧，維持清醒達一年之久。她學會了獨處，但是因為她加諸在我身上的那些痛苦，使我們的關係還是在受

苦之中。

我記得有次和母親講電話，讓我非常生氣，我真的將手往天空高舉，絕望地請求神來幫助我。隔天我收到一個禮物，是露易絲的CD；我看了之後，知道她就是我的老師。參加兩次她在加州舉行的十天密集課程之後，我回到家開始了每週聚會一次的「療癒圈」，持續了六年之久。那個時候，我向數百個人傳遞露易絲的生命理念，而那真是太神奇了。

我追隨著露易絲，甚至到了荷蘭與澳洲，帶著我的學員去聽她演講，並介紹其他很棒的勵志作家。這個療癒圈後來形成一個由我所創辦並主持的非營利組織。露易絲和我成了朋友，而我一直都有機會和無數個選擇改變生命的男女分享這位神奇女士和她的故事。

我自己的生命和態度也轉化了，因為我選擇去應用露易絲簡單的理念。最後，母親和我在她過世前幾年，終於可以真正和平相處，這對我們兩人來說都是非常強力的療癒。我後來真正知曉、愛、了解與寬恕了我的雙親，我看到了他們來到這裡要教導我的那些美妙課題。

我一直覺得備受兩位母親的祝福：一位讓我看見來到這裡所要學習的課題，另一位則教導我如何真正療癒自己。願神祝福妳，媽媽！願神祝福妳，露易絲！謝謝妳們給我的這一切！

瑪麗亞，通訊員工，墨西哥

受孕的奇蹟

我是個非常快樂又幸運的人。我在二〇〇一年找到了露易絲，發現了一整個新的生活方式和很多有力量的工具。我學過一些玄學，也從其他作者那兒學過肯定句的力量，但我真的和露易絲的理念產生共鳴。我從露易絲的書中學到了很多的肯定句，甚至替我的女兒雷娜塔（出生於兩〇〇〇年）準備肯定句課程。

我第二次懷孕卻非常不順利。二〇〇四年，在嘗試了六個月之後，我先生和我決定去看醫生。我們做了荷爾蒙療法，還嘗試三次的人工受孕，但什麼也沒發生。我被告知要接受探知手術來確定是否有子宮內腔沾黏。我同意了：於是在將我麻醉、在身上戳了三個洞之後，醫生說我很健康。我們又試了第四次人工受孕，但是仍然什麼都沒發生。

二〇〇六年十二月，我放棄繼續嘗試。我告訴自己，**多年來我一直創造所有生命裡想要或需要的事物，但現在我無法這麼做了。神送給我一個清楚的訊息：我應該要停止，並且去探索我的內在發生了什麼事。我需要知道我是如何創造了這個問題。**

當時我已經開始一些療程，嘗試去「更深地挖掘」我的內在。二〇〇七年一月，我參加了一個叫作奇蹟治療的工作坊，主要是做靜心與心智練習的課程。這就是我發現露易絲靜心CD的地方。我住在墨西哥的蒙特律，但這裡沒有太多露易絲的教材；很幸運的，我可以從網路上找到我要的書和CD。

我照著CD上的練習做了兩個月，試著進入那個流之中。我列了一份肯定句清單，那是我從《創造生命的奇蹟》中摘錄而來的。我告訴自己，如果雷娜塔注定是我唯一的女兒，那也很好。但是在二〇〇七年三月二十一日的時候，我發現我懷孕了——羅瑞科在十一月十一日出生，是個很快樂的小男孩。我覺得自己非常受到祝福。

我絕對確定肯定句與靜心療癒了我以前有問題的地方。我相信露易絲的理念是很有用的，我想到各地去跟每個人分享，因此計畫今年要拿到露易絲的訓練證書。

琳，高中老師，加州

最終學會寬恕的女兒

我跟母親之間一直有問題。她很會批評人、控制並過度保護；因此，我變得恐懼一切。我好幾次嘗試要離開她，甚至遠離這個國家，但最後總是會回到她身邊尋求認同。然而，我卻從來都沒有被認同過，甚至連支持都沒有。在我成長的過程中，每當我帶著問題去找她，她總是站在對立的另一邊，還說她是在「扮演惡魔的擁護者」。我總覺得是自己的問題，因為我總是覺得我所做所想的都是錯的。

我試著告訴自己，母親已經盡她所能做到最好了，但是我對她（以及對我自己）的憎恨卻仍在增長，因為我無法告訴她我的感受是什麼。朋友敦促我要直接面對她，我卻做不到。我只是在她說話的時候靜默不語，等著她停下來。然後我嫁給了一個以同樣方式對待我的男人。我對婚姻從來就不抱希望——他對我的感受一點興趣也沒有，他要一個順從的妻子。每當我準備好要說些什麼，他就更是不理不睬。但我竟然跟他在一起二十三年之久！

在我經歷乳癌的治療過程時，有個朋友給了我柏尼．席杰博士與露易絲的書。他們打開了一個我以前不知道的世界，我只是不斷閱讀著。最後，我得到了離開我先生的力量。每當我感到害怕或不能勝任時，我就重複露易絲建議的肯定句；我很害怕，卻很驚訝地發現，我仍然可以把自己和兒子照顧得很不錯。

我找到一張靜心CD，這是露易絲為了幫助人們寬恕曾在生命裡與自己有過課題的人所製作的。我聽了好幾次，才真正寬恕了我的母親。我簡直不敢相信，但是在聽完露易絲的CD並照著她的指導去做之後，我感到平靜與和平，再也不生氣了。之後每當我有需要時，我可以跟母親暢所欲言，而令我驚訝的是，她真的能夠聽進去。我們變得更為親近，她也開始真正尊重我，也這樣告訴我。最近她過世了，而我能夠誠摯地為她哀悼。我非常感謝露易絲，因為我無法想像假使因為無法原諒母親、無法親口告訴她我愛她，而使我的餘生充滿罪惡感會是怎樣的情況。

蜜雪兒，資深保險商，威斯康辛州

轉化我的生命，拯救兒子的性命

我很榮幸有這個機會，來為一位我認為是世界頂尖的治療師寫下分享，感謝她的智慧與深刻的話語，轉化了無數的生命。我相信她是被揀選來教導上帝的療癒恩典的。

讓我先從解釋露易絲是怎麼來到我的生命做為開始。當我的身體系統整個崩潰、找了很多醫生尋求醫療協助之後（但是都沒用），我懇求高高在上的老天，讓我看見如何治療身體。當我處在最絕望的時刻，《創造生命的奇蹟》就出現了。我閱讀這本改變生命的書籍，發生了奇蹟般的事情。露易絲就是我需要的「醫師」，而她繼續成為我的導師，讓我知道如何真正去看、去感覺、去經驗生命。我從高等教育裡學到的知識，根本就無法和露易絲奇蹟般的教導相比，她的理念應該要是學校裡的必修課才對。想像一下，如果孩子們可以在這些熱愛生命的訊息裡成長，會是多麼棒的一件事！

露易絲是怎麼觸動我的靈魂，使我的生命轉化達到健康的奇蹟呢？她的智慧教導了我當下此刻的力量。在露易絲指引我之前，我一點都不了解這個力量。這些話語啟蒙了我思想的力量：**這不過是個想法，而想法可以被改變**。我發現如何以我本然的樣貌來愛自己與肯定自己。我每天透過使用鏡子練習肯定句，來轉化我的世界。我寬恕生命、人與事情，而我得以被釋放而自由。

在無數次規律應用露易絲的教導與肯定句之後，現在這已經成為我的生活方式了。我從露易絲學到「愛自己」，不僅轉化了我，也拯救了我兒子的生命。當我應用露易絲的思考方式來療癒自己，我一點也不知道她的智慧正讓我準備好去面對最大的挑戰。

在前往我個人療癒道路的終點時，我的兒子因為長了很多顆腦部腫瘤，而被診斷為「末期病人」。以前的我根本就不知道如何治療他，生命已覺醒的我知道，有個禮物就在這個重大創傷裡，而拯救他生命的方法會顯現給我看。透過創新的化療與露易絲的整體醫療法，使我能以純真的愛、信心與持續不斷練習鏡子肯定句，指引我的兒子走向康復。

露易絲，讓我向您致上最深的感恩與感謝，從今天到永遠。願您在未來繼續以愛的臨在祝福這個宇宙。

心的奇蹟

桑普那，心理學家與治療師，印度

在我的工作裡，我時常會聽到許多關於個人轉化的故事。這種「人間故事」總是很激勵人心，但以下這個故事卻相當不同。在這個故事裡，露易絲為印度的一隻狗創造了奇蹟。十一歲的曼納夫非常想要一隻小狗。在幾個月的懇求之後，他的父母很不情願地讓步了，於是一隻叫作福樂利的愛爾蘭塞特種獵犬來到了他們家中。一年後，曼納夫的母親姬莎很苦惱地來到我這裡，因為福樂利病得很重，得立刻接受安樂死。曼納夫非常心煩意亂，他從學校回到家裡，盡可能陪伴福樂利，用母親的手機替福樂利照相，好把他摯愛的朋友留在記憶裡。

姬莎與丈夫普拉克希都參加過我的「愛你自己、療癒你的生命」工作坊，所以對露易絲的方法很熟悉。在他們要為福樂利做這個痛苦的決定之前，整整兩天的時間，姬莎一直在她的房裡重複播放露易絲的CD，而福樂利就在她房裡一動也不動地躺著。她不停用肯定句「轟炸」牠，整個家庭的愛如洪水般充滿了牠。姬莎和我談話時，決定再等幾天才讓福樂利安樂死。說不定他會康復呢？所以在這整個緊張高壓的時期，露易絲的聲音持續和這個動物說話。

不用說，這個故事有個快樂美滿的結局。不久，本來不能動的福樂利開始可以移動，然後漸漸康復。當他又開始進食之後，便以極快的速度康復了。目前這隻狗強壯健康地四處跑跳，充滿精力，完全和他充滿愛的家庭融合在一起。他們對於這個連結都感到非常感恩。

福樂利康復後，姬莎留意到一張他兒子用她手機拍的相片。曼納夫為他的狗狗在同樣的姿勢下連續拍了四張照片，接著姬莎注意到，其中一張的背景裡有個心形的光。因為這只有在一張照片中出現，證明了這顆心並不是某種反射。露易絲的聲音和她愛的訊息瀰漫穿透了物種與語言的所有障礙，為福樂利創造了療癒與生命。很明顯的，這閃耀的光與露易絲自己的心形符號是一樣的形狀。

喔，這真是愛的奇蹟！

泰利，兒童照護者，加州

小小改變，大大影響

我一直是個家庭兒童照護者，和「啟蒙計畫」（譯注：Head Start，美國詹森總統為照顧低收入家庭兒童所做的早期介入補救教育方案）一起工作多年，每天都經驗到許多事情，足以改變人的一生。我上過許多如何和孩童一起工作的訓練課程，但有個課程改變了我的生命。那個課程介紹露易絲的教導，並且學習正面思考與說話會如何影響孩子。我開始會這樣對孩子說「你們應該為自己感到驕傲」，而不是說「我為你感到驕傲」，並且更常對他們說「是」。

我發現，只要以正面的方式說出孩子的名或姓，就是特別有力量的改變工具。孩子們很習慣聽到「麥可．史密斯，你現在就過來」這樣的話，但是像「麥可．史密斯，很高興你今天在這裡」這樣的說法，則對我自己和孩子們都有很大的影響。這些年來我聽很多的父母說，像這樣的小事情改變了他們孩子思考的方式。看到僅只是正面思考，就能對任何年紀的人都有很好的影響，真的是一件很棒的事。

露易絲，我終其一生都致力於保護孩子們，所以我真的很感激妳所有偉大的作品！

香堤樂，待業中，加拿大

我真正的生命

我第一次看《創造生命的奇蹟》時還是個青少年。我記得讀這本書的時候，我的臉上漾起微笑想著：**哇！好樣的！這真是個超棒、令人手舞足蹈的東西。**

幾年過去，我發現自己只有一個選擇：繼續活著或自殺。我的家庭問題非常嚴重，現在來到了十字路口。讓我長話短說：我父親在我四歲時離開了，母親和我繼續和外公一起生活，他總是說我是個無用的廢物。我母親從來都不替我說話，因為她不想獨自扶養孩子。每當外公虐待我的時候，她總是裝作沒看見。然後白馬王子進入了我母親的生活，承諾會照顧我們。這個「救世主」最後變成沉迷於性與工作、喜愛紅酒的人；他女兒多年來一直因為嫉妒而挑釁我，衝突不斷。再一次，我的母親還是裝作沒看見。

這時露易絲又再次出現在我的道路上，而這次我已準備好去聽她所要說的。她的正面肯定句觸動了我，於是我把這些話語貼在各個地方。我超級熱愛她的鏡子練習，幫助我療癒了生命裡的很多部分。到今日，我感覺自己很強壯、光鮮潔淨、和平且冷靜，而且終於有些自重與自尊。

我從來沒有得過致命的疾病，也沒有失去過任何人，那這怎麼會是個奇蹟呢？但想想不久之前我的狀況，若是沒有露易絲，我現在毫無疑問應該早就死了。她將我真正的生命還給我，我是如此地感謝她。

芭芭拉，作家，佛羅里達州

孩子耳痛與爸媽的爭吵有關

每次打電話給我女兒，我就會聽到孫女在夜晚尖叫不休的故事——只有七歲的她，卻夜夜被耳痛折磨得睡不著覺。**這實在是不正常**，我想著。我第一個反應就是去找那本已經快要翻爛的《創造生命的奇蹟》。我很快就找到了答案。我一邊讀著露易絲所寫的，一邊不斷點頭並感謝她。憤怒可能是耳痛的原因，而憤怒可能是來自「過多的混亂」或「父母的爭吵」。

露易絲怎麼可能會知道呢？她真是一針見血。我女兒和女婿已經吵架很多年了，但她不想要離婚。「那會傷害到孩子，」她一直這樣告訴我：「我只是覺得孩子有父母會比較好。我恨妳和爸爸離婚。」

我馬上打電話給女兒，告訴她：「我有個很棒的訊息。相信我，我知道這很有用。」我告訴她剛剛在《創造生命的奇蹟》裡所連結到的部分。我強調她在每晚睡前和孫女坐在一起的重要，並在她的晚禱之後，要她重複露易絲所建議的「新思維模式」。

不消說，一個星期來我每天打電話鼓勵她（好吧，我承認這是為了確認她有運用露易絲的話語）。當我聽到孩子在複誦她的新思維模式之後就睡著了，著實鬆了一口氣，孩子醒來的時候她還繼續練習著。

第一個星期後，我沒有再打早上的「確認電話」，很確定地知道露易絲的方法正在運作。但是三個星期過去了，我想：**嗯……我最近沒有再聽到任何耳痛的事情，我最好看看有沒有發生什麼事。**

你可以想像當我聽到女兒這麼說的時候，我有多高興：「媽，這真是個奇蹟，她已經好幾個星期都不會耳痛了。我根本就不知道爭吵會影響女兒。現在我有了自己的《創造生命的奇蹟》，妳一定會很高興。喔，妳一定會很愛這個：我那天踢到腳趾頭，於是我告訴自己，**這裡一定有什麼訊息**。我拿起書來翻到關於腳趾的部分。相信我，現在我早晚的真言是：**『所有的細節都會照料自己。』**謝謝妳，媽！我愛妳，而且我愛露易絲。」

卡門，房地產經紀人，加州

寬恕與最終遺忘的力量

我母親在二〇〇八年三月被診斷出有淋巴瘤，整個人很快便垮了下來，五個月就掉了十四公斤。我買了一本《創造生命的奇蹟》給她，當時她實在太虛弱了，無法自己看書，於是我就大聲念給她聽。媽媽的一生很辛苦，我一直提醒她，她**必須在此時此地**釋放她心中一直擱著不放的痛苦與憎恨。即使我很努力提振她的精神，仍然向她強調要放下過去痛苦的重要。

六個月後，我們替媽媽預定了康復中心：她要做的治療有嚴重的副作用，於是家中的其他成員和我決定，不要再讓這個八十二歲的老婦人去經歷那樣的悲慘過程。但是我們並沒有放棄她，還是持續給她很多正面想法與歡笑。這一切都是值得的，因為她現在又可以唱歌跳舞，回復正常的自我。

有天媽媽到我的臥房告訴我：「妳知道嗎？我最後寬恕了所有錯誤，並且放下了。我對一切都感到很棒，再也沒想到那些不好的日子。」這真是件大事，因為她以前總是告訴我：「我可以寬恕，但無法遺忘。」我提醒她，不能遺忘就無法真正寬恕。但現在，她終於遺忘了！

我寫這篇文章時，距離上次診斷已經有十個月之久。我們原本以為會有個無情黯淡的新年，但現在開始有個光明的展望。媽媽又再次快樂起來，並處於平靜之中。

露易絲，我無法告訴妳，妳在我母親的治療當中有多麼重要——我知道她深受妳克服癌症的過程所啟發。謝謝妳所有美妙的話語，不管生命帶給我們什麼，妳的話語帶著讓我們存活需要的所有真理。我的家人與我正和母親有著美妙的團聚時光……謝謝妳！

迪西，孩童與身心障礙者辯護律師、作家、八個小孩的母親，麻州

從絕望到奇蹟

我從露易絲的書中學到的其中一件事是：如果人們試著以樂觀的想法與正面肯定句去回應，生命的阻礙最後可以帶來和平、療癒與希望。

至於我是如何發現這個真理的，那要回到二〇〇一年，當時我十三歲大的兒子保羅被一輛運動休旅車撞傷。他持續昏迷了八星期，已經進行臨終前的最後祈禱。最後他的眼睛雖然終於睜開，還是得繼續待在醫院裡面數月之久，因為他要重新學習如何走路、說話及生活上所需的基本技能。他受創的大腦永遠改變了他與其他七個兄弟姊妹的生命。

我們的家庭原本可以用憤怒、無望與恐懼來反應，但我們選擇了以露易絲所說的方式來生活。我們並沒有屈服於絕望，而是開始正面思考（並且活在其中！），最後看到希望。當保羅治療得差不多時，他不再需要輪椅、然後是柺杖。最後，他邁著原本醫生認為不可能的步伐，獨自走到講台前領取高中文憑。

露易絲提醒我們，我們可以改變對於生命的負面事物與那些無法預知的事件的態度，在一天中的每時每刻，以正面的方式，藉由反應、思考與選擇將之送回給宇宙。這就是為何當保羅在腦部創傷四年之後，又被診斷出白血病時，我的家人再次進入正面思考的模式中。我們披上信念、毅力與決心的盔甲（並覆蓋幽默感與很多的愛），幫助整個家庭度過下一場戰役。經由閱讀露易絲的書、採取她的生活與思考方式，使我們能夠處理這樣的情況。令人感謝的是，保羅的兄弟之中有一位和他的骨髓相符。雖然我的兒子又經歷了更多年在住院、孤立與癌症的治療裡，他和我們整個家最後還是撐過來了。

現在保羅的癌症已經好了。我們家現在幫助正在經歷腦部創傷的恐怖與孩童癌症的家庭，提升他們的覺察與希望，也為正在面對生命中重大挑戰的人募款。我的兒子是個正面力量，就像露易絲一樣：他也在幫助其他人的生命變得更好。透過這些努力，我的家庭現在已經學會用建設性的方式來思考：我們從不把任何時刻或任何人視為理所當然，我們每天都活在喜悅、感恩與希望之中。

露易絲，我們真誠地感謝妳！

與露易絲一起練習

不管你的動機有多麼美好，你無法強迫孩子去做你希望他們成為的樣子，或者改變你的配偶、父母、兄弟姊妹或任何人。你唯一能改變的就是你自己。但是家庭中只要有一個人開始致力於愛自己，和諧就會散布到整個家庭中。

如果家庭裡有個問題讓你不快樂，你的注意力有可能會被誤導。試著將你的注意力放回「內在」。放下那些早就不適用的信念，那些讓你無法去經驗愛自己的信念。做你的孩子與身邊親友的模範。

這些練習將會協助你處理和家庭相關的任何問題。將答案寫在另一張紙或筆記本上。

對家人的感覺

去想三個生命中的事件，是你覺得沒被家人好好對待或虐待的。是否有人背叛了你的信任，或是在你很需要的時候遺棄了你？在每個事件中，描述發生了什麼，並寫下你在事件發生前的想法。

現在想想在你的生命之中，你的家人**幫助你**的三件事。也許有人幫你度過了一段悲傷時期，或者在你有財務困難的時候借錢給你。去解釋發生了什麼，寫下你在事情發生前的想法。你有注意到你的思考模式嗎？

重寫過去

回想一下你的童年。以敞開而誠實的方式完成以下敘述：

- 我母親總是讓我……
- 我真正希望她說的是……
- 我母親其實並不知道的是……
- 我父親說我不應該……
- 如果我父親只知道……
- 我希望可以告訴父親……

感激與寬恕

在家庭裡，你有忽略要去肯定或感激誰嗎？花點時間去觀想這些人。想像看著彼此的眼睛，然後說：**「感謝你並用愛祝福你，當我需要你的時候你和我在一起。願你的生命充滿喜悅。」**

有任何你需要去寬恕的人嗎？也花一點時間去觀想他們。看著他們的眼睛並說：**「我寬恕你們沒有做我想要你們做的。我寬恕你並讓你自由。」**

放下

現在去想家庭成員之中，和你還有未解決的課題的人。你是否緊抓著過往的憤怒、悲傷或憎恨呢？寫一封信給這個人。列下你所有的不滿，解釋你的感受。真正去表達自己，不要退縮。

寫完這封信之後，再讀一次，把它摺好，並且在外面寫著：**「我真正想要的是你的愛與認同。」**然後把這封信燒掉，將它釋放。

自我價值感與家庭

讓我們來檢視跟家庭有關的自我價值感問題。盡可能回答以下問題。在每個問題之後，說出一個或更多正面肯定句，好抵銷負面的信念。

- 你覺得擁有強大的家庭連結與充滿愛的關係是有價值的嗎？
- 當你和家人很親近的時候，你最恐懼的是什麼？
- 你從這樣的信念中可以「得到」什麼？
- 如果你放下這個信念，你會害怕發生什麼事情？

肯定句

❤我在一個團結、充滿愛並和平的家庭生活中。一切都是美好的。
❤我接受我的父母，他們也會接納我並愛我。
❤我是我的小孩的正面模範。我們自由自在地溝通與愛彼此。
❤我所有的關係都是和諧的。
❤我敞開與接受所有觀點。

❤家中每個人都在盡力做到最好，包括我。
❤我願意寬恕過往。
❤超越我父母的限制是安全的。
❤當我釋放所有的批判，愛評論的人會離開我的生活。
❤成長對我來說是安全的。我現在以喜悅與自在處理我的生活。
❤我和家中每位成員都以美妙、充滿愛、溫暖與敞開的方式溝通。
❤我看見每個人之中最棒的部分，而他們以仁慈回應。
❤我的家庭充滿愛與支持。
❤我發送令人舒適自在的念頭給每個人，也知道這些念頭將會回到我身上。
❤我散發接納，且深深為他人所愛。我原諒父母。我知道他們已經盡力做到最好了。
❤我對家人誠實。我越是誠實，就越是被愛。
❤寬恕與放下是充滿力量的。
❤沒有對錯。我超越任何批判的感受。
❤對我自己與家人敞開是安全的。

孩子與家庭問題的處方箋

我宣示有個喜悅、充滿愛的家庭。我以愛來祝福家中每位成員。在每個時刻，我們都盡力做到最好了。我選擇打開心給出愛、慈悲與了解，並沖刷掉過去所有痛苦的記憶。我只允許支持、滋養的人出現在我的世界。我的生命充滿了愛與喜悅。這是我存在的真理，並且我接受它就是如此。在我的世界裡所有一切都美好。

第七章　學習去愛

經驗浪漫的愛是件美妙的事。然而，我們所能得到最重要的愛卻是愛自己。真正愛自己代表深深地感謝我們所是，包括那些我們視之為「缺點」的部分。令人難過的是，有很多人拒絕去愛自己，直到到達某個愚蠢、自我欺騙的目標（像是減重、賺很多的錢）後，才願意愛自己。但是這些目標卻讓你分心，遮蔽了生命中真正缺乏的東西。如果我們跟自己沒有一個健康、充滿愛的關係，我們最終也無法和他人維繫健康的關係。

希望你在看完以下的故事後，會開始再多愛自己一些。

愛的力量

「在別人愛你之前，你必須先愛你自己。」每次聽到這句話，我都會禁不住瑟縮，因為，我從小就知道自己一點都不討人喜歡。

我四歲的時候，父親就離開了母親；同年，她試著要自殺。母親在心理醫療機構休養時，我的哥哥姊姊和我就跟著外公外婆一起住。一年後，我們被送回去跟母親一起住，但她還不夠穩定到可以照顧我們。她開始喝酒嗑藥，就像大部分被上癮者撫育長大的孩子一樣，我們得不到足夠的照顧，並且曝露在孩子永遠都不該去承受的情境裡。

那時我以為只要開始上學，一天之中至少有幾小時會是安全的。很不幸的，我因為家裡很窮，又長著一頭紅髮、滿臉雀斑，同學看到我就像看到畸形一樣嘲笑我。到了情人節，班上每個孩子都互相交換卡片，除了我，每個人都有情人節禮物。我每天晚上睡覺時都請求神，希望神可以讓我變漂亮，最後還有人愛。

我確實成為一個很有吸引力的女人，從那時起，我不再被嘲笑，常常有人說我很漂亮……但是沒有用，因為我心裡還是覺得自己很醜。真是要「感謝」我的低自尊，我做了很多人不會做的決定。我喝了很多不該喝的酒，選擇那些對我不好的男人，還錯失了一些很棒的機會。

某天有位朋友給了我一本《創造生命的奇蹟》，她告訴我這本書可以幫助我。看完之後，我開始練習用肯定句去抵銷負面思想及內在深處的恐懼。這對我來說並不容易，因為我一生都活在

史黛西，執行助理／特約行政，加州

恐懼裡——我要不是害怕失去擁有的，就是害怕得不到想要的，但是我仍然繼續練習這些肯定句。

快轉回約十年前，當時我在找工作，一直不斷對自己重複肯定地說：**我有一份喜歡的工作，我在經濟上是安全的……**我從來沒在網路上找過工作，卻被帶領著以這樣的方式找工作。最後我去面試某個職位，後來竟變成最適合我的完美工作：賀書屋的總經理執行助理。

現在我在賀書屋工作已將近八年，而這真的是個祝福。我有個衷心喜愛的工作，在經濟上也很安全。最近我買了房子，甚至在花園裡種了露易絲的玫瑰。我再也不是那個得不到半個情人節禮物的小女孩——我有美妙的朋友，而且非常健康快樂。

我非常感謝露易絲教導我的一切。現在我可以很誠實地說「我愛我自己」，而且說到做到！

珍妮佛，高中特教老師，威斯康辛州

播下種子

奇蹟常被描述為顯現出與大自然定律相反的事件，且被認定是神所行使的行為。但我必須要說，我生命中的改變幾乎也可說是奇蹟，感謝露易絲！

認識露易絲之前，我和神的關係非常糟糕。當時我正在和嚴重的憂鬱症、劇烈的情緒波動及持續的頭痛奮戰。從孩童時期開始，我就一直為被遺棄的感受所苦；有很多年，我因為罪惡感、自我懷疑、恐懼、憂慮、自尊等課題而受苦，對自己和他人都缺乏愛與信任。

當我在尋找一些舒緩的方法時，我遇到了《創造生命的奇蹟》。這本書提醒我，除非我能夠愛自己，否則沒有人可以愛我。露易絲教導我要如何去看見、然後以神愛我般愛自己。她充滿智慧的話語向我顯示要如何原諒我的父母，並以新的方式看待他們。當我學習到如何做個生存者而不是受害者時，多年來的悲傷因而融解了。

露易絲教我如何藉由愛自己而變得強壯，而我也學習到這是多麼的有力量。所以這是我備受祝福的奇蹟：我愛我自己！這並不是什麼浮誇不實的話——這是真的！而露易絲的禮物還是持續給出。當我和那些接受特殊教育的學生在一起時，每一天我都以某種方式傳遞她的話語和智慧。事實上，我要求我的學生在日記本上寫滿露易絲充滿力量的肯定句。我看過學生在學年開始來到教室時，生命原本非常灰暗，然而到了年中，就已經可以體認到正面思考的力量。種子已經被播下了！

露易絲，妳拯救了我的生命。因為有妳，憂鬱與不安全感不再占領我的生活，使我能夠成為夢想中一直想成為的人。我可以和自己、神、親友（包括我憎恨多年的母親）有著充滿愛的關係。我擁抱妳的話語，成為我摯愛的人、同事及學生的典範。我可以享受生命並擁抱周遭所有的歡樂——我真的相信我也值得如此的歡樂，並且能夠真正展開笑顏。妳的書幫助我療癒生命中的所有傷痛與反常狀況。我是個活生生的例證，可以證明當人們使用你的話語、將話語轉為現實並真誠地愛自己時會是如何！

轉化的魔力

蒂加娜，出版公司總經理，澳洲

身為一名星相師，我在自我探索的旅程上已經很久了。當十五年的婚姻來到關鍵時刻，我面對一個嚴肅的選擇：要跟隨**我的**還是他的真理。我早已知道這個呼喚將會來到，但到目前為止我卻一直在否認。很清楚的是，這個關係需要做個了結，雖然我以為我先生和我早已「進化」到可以優雅處理這些事情，但我錯了。我發現自己走在情緒的地雷區裡，而生命在我的道路上丟下了許多試煉。是時候將我在這幾年所學到的東西付諸實踐了。我轉向手上那本《創造生命的奇蹟》，改變了想法，運用了肯定句的力量。如同占星術，我對異教儀式很著迷，這些儀式榮耀了大地的能量與女性法則。我開始運用行星能量與儀式來擴大增強我的肯定句，駕馭任何我想要擺脫自己的部分——結果讓我非常驚奇。

四十一歲生日時，我做了一個專注儀式，而在那之後不久，最神奇的工作機會就像神聖恩典般「降臨」在我身上。我在澳洲做出版，我熱愛我的工作，也一直對身心靈類書籍有極大的興趣，但我的公司還沒有經營這個領域的打算。在命中注定的這一天，老闆把我叫進辦公室，問我是否願意直接和賀書屋工作，並管理他們在澳洲的產品銷售。當我知道將要協助這位曾如此深刻幫助過**我**的女士銷售產品時，我的眼淚奪眶而出。隔天我和賀書屋的澳洲團隊見面，這個天作之合很快就成形了。一年後，和賀書屋一起工作成為我職業生涯的高峰——更棒的是，還有機會和露易絲本人共進美好的晚餐。

還有什麼比這更棒的呢？很明顯的是，有的。在我結束婚姻十八個月之後，我開始想要有另一段關係。在極清楚的意圖下，我決定要吸引一直想要擁有的真愛，我知道現在我擁有工具可以做到。因為我很快樂，所以我設定的意圖就是分享這份喜悅。在一個天秤座的滿月，我運用露易絲的真愛肯定句，將所有能量專注在清楚地定義我想要的另一半。我把這些投入宇宙之中，替我帶來新的愛情，並完全信任這個過程。兩週後，他出現了。這個男人很不一樣，不是我平常會喜歡的那一型，但是我馬上就認出他來。其他的都不重要了——他成為我所有戀情當中最棒的。他比我所能夢想到的還要棒，我每天都真誠地感受到祝福並感恩。

露易絲，謝謝妳提供了真愛的工具，並且完成了這個轉化的魔力。我永遠感謝妳。

康蒂絲，執行助理，密西根州

全新的生活方式

一九九三年，我當時二十三歲，在紐約市做伴遊女郎，有兩個不同的人都給了我《創造生命的奇蹟》。其中一人堅持要我看著鏡子，並且告訴自己「我愛妳」。這也許是我所做過最困難的事。

我還是個孩子時，曾被五個男人輪暴，並在十五歲生日前一天懷孕，隨後墮胎。我天生就很聰明，也很有創造力，卻從來不相信自己，直到我開始練習書中的肯定句。這本書為我打開了全新的生活方式，我的想法也開始映現書頁中的話語。

我之所以能夠轉換人生，是因為我學到了如何愛自己，並珍惜我所擁有的天賦與獨特性，否則這根本是不可能的事。露易絲給了我充實的生命中需要的最佳工具，而我持續和其他女人分享她的書。再怎麼感謝她也不為過。

拉蕾娜，會計師，加州

純真、無條件的愛

在我三歲的時候，母親遺棄了父親、弟弟和我。她在我心中的形象很鮮明，卻很痛苦。她喜歡周旋在數個男人之間——我還記得一個人坐在角落裡，假裝和洋娃娃說話，企圖隔絕一個小孩不該聽到的聲音。我的爸爸、一歲的弟弟和我，一起住在祖母家的一間臥房裡。我父親也在這個共用的房間裡和不同的女人歡愛，他還以為我很平靜地睡著了。最後他和一個有精神病的女人結婚，她在精神和肉體上折磨我和弟弟長達九年，我父親卻視而不見；在情感上，父親在我生命的大部分時候都是缺席的。

我十八歲時遇到了一位年長的男人，我和他之間的關係是很創傷的，並且持續了九年。這段關係結束時，我又陷入另一段虐待關係，而且病得很重。我被診斷出狼瘡，腎臟也失去了功能。二十八歲的時候，我已經快死了……但是我覺得很自由，一生當中所經歷到的傷痛與苦難終於要結束了。我在生命中第一次經驗到平和的感受。我躺在醫院病床上，知道自己就要死了，於是我叫所有摯愛的人來到房間裡，跟他們道別。我說出祈禱辭，感謝神給予我這個經驗，而後我告訴祂：我累了，已經準備好要回天家。我感覺到自己漸漸遠離，然後看到你所能想像最美麗的白光——令人驚訝的是，我在急救室裡醒來，而且痛楚完全消失了。

我經歷了一天四小時、一週四次的化療和洗腎。我服用十七種藥物，得靠枴杖才能走路，而且大部分時間都躺在床上。這個時候，我的阿姨送給我一本書，叫作《創造生命的奇蹟》。我主要使用的肯定句是：**我自由自在地為自己大聲說話。我宣稱我擁有的力量。我喜愛並認同自己。我是自由與安全的。**

我每天的活動包括祈禱、靜心與觀想，還有對我來說極端困難的鏡子練習。要我直視自己的眼睛是非常困難的，因為裡面隱藏了如此多的痛苦。某些時候，我強迫自己大聲喊出：「拉蕾娜，我是如此愛妳。拉蕾娜，我愛妳所是的樣子。」眼淚無法抑止，傾瀉而出——我了解到自己終於收到了純真、無條件的愛。

過了一陣子，我開始感受到內在有很深的轉變。我看到自己微笑，而且覺得更輕盈，也更明亮了。我花了六個月才完全康復，但早就結束了化療和洗腎的療程。我的腎臟功能已完全回復，且過去兩年狼瘡也未再發作。三十一歲的時候，我是個完美健康與完整的人，在我的世界裡一切皆美好！

療癒自卑情結

瑪麗娜，翻譯，俄羅斯

自我有記憶以來，我就有自卑情結，覺得自己不如人。為什麼呢？我真的很想知道。我十三歲的時候發現了《創造生命的奇蹟》。一開始我不太了解這本書在講什麼，但是內在的感覺告訴我：**這是正確的道路**。我開始一步一步療癒我的靈魂，而真正的改變發生在我決定改變關於我自己的想法。

在一個半月裡，我每天重複愛自己的肯定句四百次以上，而這真的很有效！你可能不覺得這是個什麼不起的故事，但是當你一直活在內心的痛苦裡、無法享受生命，若在內心裡能夠感受到愛（特別是對自己的愛），那真的是件令人驚歎的事。

愛自己就是每天去經驗一個奇蹟。我的療癒始於十五年前，之後未曾停止。我的生命因而完全改觀，這是露易絲給我的無價禮物。我真的非常感謝她！

茱莉，護士，阿拉斯加

命中注定的相遇

經過高壓緊張的數星期後，我知道必須要找個時間到書店裡的新時代專區去瀏覽瀏覽，好舒緩一下壓力。有天和朋友吃午餐前，我決定先去做這件事。當我正在看一些書名，有個男人靠近我並說：「如果妳有機會讀到一本好書，應該會想試試這本。」他指著《創造生命的奇蹟》。我的下巴幾乎掉了下來！在過去的二十五年裡，每當有人問我最喜歡哪本書，我都會說是《創造生命的奇蹟》。

當我站在那裡，第一個念頭就是：**這是個來與我相遇的天使，雖然他並非我想像中的模樣**。

我繼續告訴他我是多麼喜愛露易絲，特別是這本書。交談幾分鐘後，我們就各自離開了。但是有個從內在靈魂而來的聲音告訴我：「別讓他離開。」因為這個聲音，我追上這位男士，並跟他解釋，我知道我們的相遇並非偶然。他也同意，事實上他是從鎮上的另一邊過來的，為了一個生病的朋友到書店去買露易絲的書。但書店剛好賣完，雖然他們說可以幫他訂——但他就是知道，他必須要在大白天的車陣中，立刻到鎮上的另一頭去買。

那已經是超過兩年前的事了，而我們從那之後就一直在一起。現在我們已經訂婚了，而且即將結婚，而我會把這個故事告訴任何有興趣想知道的人。露易絲，謝謝妳，以及我摯愛的天使們！

辛西亞，執行助理，佛羅里達州

告別恐慌症

九年前，我來到美國度假並決定留下來。當時我所有的家人都還在秘魯，所以頭兩年真的非常的辛苦。到了二〇〇五年，我開始有「恐慌症」——有四個月每天都發作，狀況真的很糟。我因為工作的關係到了洛杉磯，然後去了一間水療中心，在那裡我發現了一些露易絲的CD和她的書。

聽完CD並看完書之後，我開始大量運用肯定句；特別是不斷複誦我愛我自己，一遍又一遍。不久，我看見生命產生了轉化。將腦子裡的負面想法置換成新的正面念頭之後，我了解到我正在改變思考方式，並以不同的角度看待生命。

我非常非常地感恩，於是我寄了封電子郵件給露易絲，而她的助理用充滿希望與支持的美麗訊息回應了我。在那之後，我又去書店買了西班牙文版的《創造生命的奇蹟》，以及英文的「無壓力」CD（每次坐飛機的時候我都會聽這張，因為這可以使我放鬆，讓我進入睡眠狀態……這張CD的功效真的很神奇）。我已經持續享受了四年沒有恐慌症發作的日子。

露易絲的書與CD幫助我了解到，學習真正的愛自己是美滿生活的關鍵。我的願望之一是能親自見到露易絲。我覺得她是位很棒的女士，將她的生命奉獻給幫助他人，就像她曾幫助過我一樣，我非常感謝她。

梅蘭妮，程式協調師，加拿大

訓練我的大腦

在我生命中的多數時間裡，我都是個很有邏輯的人，但離開結縭十年的丈夫之後，我對處理自己的情緒一直有很大的困難。獨自承擔照顧三個孩子的責任，還有工作、家庭等，全都讓我心力交瘁——我不知道該在哪裡轉彎，甚至不知道自己的感受到底是什麼。

一位看著我經歷這一切的同事推薦我看《創造生命的奇蹟》。這是我第一次看露易絲的書，當然這不會是最後一本。透過她的書和各種不同的工具，露易絲教導我去訓練大腦做正面思考。我了解到以前我並沒有真正愛自己……現在我做到了。

改變我的生命是個需要運用很多不同美德的過程，諸如耐心與決心，但運用直覺與邏輯讓我獲益良多。由於思想模式的改變，我的生命開始綻放：我減重十一公斤、不再長粉刺、毫不費力地感謝自己與身邊的人，透過充滿愛的眼睛去看見事物的美麗。我對於獨立、歡樂與愛的新發現，以及對終生快樂的承諾，使我的親友都感受得到我的轉變。每一天，我都對拾起露易絲的書並療癒我的生命表達感恩。

馬丁，保險銷售員，阿根廷

最重要的奇蹟

我是個住在阿根廷的三十歲男人。當我只有十五歲的時候，《創造生命的奇蹟》來到了我的生命中——從那時候開始，我的生命就完全被改變了。

露易絲對我所做的最棒也最重要的事，就是讓我在如此年輕的時候就對生命覺醒。因為我們的經濟困境與可怕的貧窮，在阿根廷生活並不容易。我知道我要活出生命更恢弘的版本，便發誓要改變心智與想法。我開始一天重複許多次肯定句：**我並不是個統計數字**。

即使每個人都告訴我「要在這裡找到好工作並不容易。」我卻知道我可以找到**超棒**的工作，而且我真的找到了。我也開始好好照顧身體、吃素並每天慢跑（一開始我連一個街區都跑不了，現在我一年參加好幾次馬拉松）。我開始到世界各地旅行，還因而遇到許多神奇的人，他們打開了我的心智，帶我進入新觀念。但是露易絲帶給我的生命奇蹟，使我感受到對自己與對他人的那份驚人的愛——那是無價的。露易絲給了我一個完整全新的存在，在我生命裡的每一天，我都會永遠感謝她。

我們常會以為奇蹟只會在對抗病魔或其他大事的時候才會出現，但露易絲教導我們奇蹟就在我們身邊，在每個呼吸之間，在每個微笑裡，在每朵玫瑰與日落之中。

露易絲，謝謝妳啟發我，並且帶給所有人最重要的奇蹟——對我們自己的愛。妳是最棒的！

瑪格麗特，退休珠寶設計師，馬里蘭州

苦澀與痛苦將通往愛與和平

一九九〇年時，我回到家裡，看到我那結婚十五年的丈夫留下的紙條：他要離開我了。我非常難過並困惑，覺得這十五年的生活不過是場謊言。我還是照舊工作、生活，內在卻極端苦澀、無法信任並憎恨世界。

一九九五年有一天，我遇到一個跟我有過相同境遇的人，我因此掉入了谷底——那就像是來自未來的鬼魅，出現在我面前讓我知道，如果我繼續這樣下去將會是怎樣的結局。在我的一生當中，我身邊的人都是無神論者，因此我早就在那方面被洗腦了，所以一直都不是非常有靈性的人。但是那天晚上，我雙膝跪地祈禱，希望神能夠顯現讓我看到該如何改變。

神一開始領我到《創造生命的奇蹟》面前。我狼吞虎嚥看完這本書，並且把所有的肯定句與練習都打好字、大聲練習。對我來說，最困難的事情就是對著鏡子說「瑪格麗特，我愛妳」——

我花了兩個星期才做到。

露易絲所說的靈性連結為我打開了一個全新的世界。在我看完《創造生命的奇蹟》之後，發生了我此生最大與最非凡的靈性覺醒經驗。有了這個經驗之後，我從此在這條道路上不再回頭。我一直持續往前，學習去釋放感受到的憎恨、不信任與孤單。我非常關切自己的未來，便努力處理低自尊的感受，再把財富豐盛帶入我的生命，在那之前這個部分一直都是我很大的挑戰。

感謝露易絲的書，讓我這些年能夠好好處理自身的問題，進而改變整個生命；我特別感謝她教我去釋放我的苦澀，如此才能讓等待著我的美好事物進來。最後我終於遇到了真正的靈魂伴侶，現在正享受著一段美妙、信任且充滿靈性的關係與婚姻。現任丈夫教我最棒的一件事，就是無條件的愛（錦上添花的是，他是個非常富有的人，給了我一直在找尋的財務安全感）。

我原本會繼續拖著沉重的腳步，重複犯下同樣的錯誤，但是露易絲的書幫助我看到還有更好的道路。她讓我的心房對愛敞開，並了解到和靈魂之間的連結。直到今天，我仍帶著這份靈性，而我的意識則帶給我如此多的和平。

莉亞，認證專業教練，加拿大

再愛自己一次

當我正處在生命中一段特別艱困的時期（很多人說這是「青年危機」），我發現了露易絲的方法。當時我已經在海外工作超過一年半，卻無法確定未來的計畫。**如果**我應該要回家，也不知道何時該回家，以及最後該歸屬何方。我覺得很孤單寂寞：我想念家人、朋友與所有熟悉的事物，卻又沉迷於還想去探訪另一個國家的念頭。

當我正苦苦掙扎於這個感覺起來壓力很大的決定，為了逃避自己創造的現實，我開始沉迷於酒精與食物。我漸漸變胖，而這讓回家的念頭變得更不可能。令我難為情的是，就在最低迷的時候，我竟在一個重罰毒品的國度裡開始嗑藥。

有一天，我難得來到一家書店，想找一些英文讀物，卻發現了《創造生命的奇蹟》。我被書中的觀念與肯定句所震撼，開始慢慢地想，如果再愛自己一次會是如何？

我開始做一些鏡子練習，重複告訴自己：「我愛妳，莉亞，我真的真的愛妳。」然後我就這樣每天持續不斷運用肯定句。慢慢的，我開始看到一些神奇的改變發生：我開始珍視自己，允許自己旅遊亞洲各地，最後決定回家。新朋友開始出現在我的生活裡，然後遇到一個很棒的教練，藉由走路與營養學，他幫助我減了十八公斤。這個過程比我想像的來得更為容易與溫和！

當我回到加拿大後一個星期（我相信那並不是巧合），我遇到了一個男人，而他現在是我的未婚夫。我吸引了「對的男人」，因為透過自身的進展，我已經成為「對的女人」，也就是愛自己的女人。

當我開始自我覺察的持續過程，露易絲激勵我去發現真我。她的方式啟發、激勵，甚至塑造了我的工作——現在我是個認證的專業教練，成功幫助其他年輕的專業人士去創造他們生命的目的與意義。

露易絲，妳對我的生命有極大的影響。謝謝妳在世界各地成為很多人靈感與療癒的來源。

葛洛莉貝爾，研究所學生、有抱負的演員與母親，紐澤西州

是該改變的時候了

《創造生命的奇蹟》改變了我的一切。二〇〇三年，我正在經歷生命中最黑暗、最風雨飄搖的時期，六年的婚姻如同火車脫軌般徹底失敗。我的世界很快就封閉起來，並且深信如果我不存在，每個人都會過得更好。我感受到內在毫不憐憫的痛苦與悲傷所造成的顫慄與震盪。

我覺得毫無希望，想要自殺，就到圖書館去尋求庇護與平靜。我記得一本顏色明亮的書吸引了我的注意。我拿起這本書並大聲念出書名：《創造生命的奇蹟》。我發現自己被這個觀念引起興趣——原來我可以改變想法，可以選擇快樂。我一直都是個非常勤奮好奇的人，便決定把這本書借回家，深入去看這些觀念。

我看了一次，再看一次，又看了一次。當晚我無法入眠，因為我有個驚天動地的了悟，那就是我的先生和我從來都沒有學過如何擁有健康的關係。我們都來自受虐的家庭，從孩童時期的經驗來看，婚姻失調與極端的反常是我們唯一能創造出來的東西。

我知道該是改變的時候了。我採取露易絲的建議，找了心理諮商師來幫助我處理寬恕父母、設定界線並重新定義自己。一開始我是為了拯救婚姻才做這些事，但當我越深入潛入自我探索的過程，越了解到真正想做的是拯救自己。

我回到學校讀書，替自己找回自信，而享受生活成為我的使命。我變得更健康，結果我先生也改善了他自己的健康。其實我們並沒有正式談過，來決定「好的，讓我們健康起來，讓我們再試試經營婚姻」，但它就這樣發生了。換句話說，當我開始停止**拯救**這個婚姻，這個婚姻最後卻拯救了自己。

露易絲深刻的聲明：「所有一切都美好」，是我繼續前進的動力。因為她是以如此強大的力量真誠地說出這句話，所以每當我害怕的時候，我就全然相信她。我感覺到她似乎是直接對我說的：「葛洛莉貝爾，所有一切都美好！」

今天我和先生仍然在一起，因為我想要如此，並不是我必須如此。我真的愛這個男人，但更為重要的是，我真的愛**我自己**。我們混亂的過去及今日勝利的喜悅，證明了露易絲多年以來一直說的：「力量之點永遠都在當下此刻。」

傷口的萬靈膏

蕊娜，作家與模特兒，芬蘭

我出生於一九六一年的愛沙尼亞，當時我的國家是蘇聯共和國的一部分。你可能可以想像得到，生活在很多方面都是很艱困的。

我是個很安靜內向的女生，跟冷酷、愛批判的母親處得並不好。我在長大後發現了靜心，並戒除了長達十年的菸癮，但是我年紀雖輕，卻已經掉了一些牙齒，並因而經常忸怩不安。我發現自己有好長一段時間都在很深的憂鬱之中。九〇年代，露易絲的書被翻譯成愛沙尼亞文。其中有句話說，不管你現在的心智是如何黑暗，這只不過是暫時的：太陽仍然存在，而且會及時出現。露易絲所傳授的另外一個觀念是，嘗試療癒你的關係永遠也不嫌晚。這兩個想法讓我舒緩釋放了許多，甚至給了我心靈的翅膀。對我來說，露易絲本身就像是太陽一樣，穿透我的國家與心智裡的重重黑雲而散發光芒。

我盡可能去閱讀露易絲的書，並且去練習她所提倡的方法。我了解到愛是療癒所有傷口的萬靈膏，並用它來治療我和母親之間的關係。我也學到以充滿愛的眼光來看待自己，擁抱我所看到的。我遠離了黑暗的憂鬱，進入生命中的可能與喜悅之中。我是如此感謝露易絲！

前往愛的旅程

蜜絲緹・瑪莉，教育助理，夏威夷

我的旅程始於十六歲，當時我正陷在愛河中。我十七歲時我的兒子出生，二十三歲的時候生了女兒。很不幸的，在進入這段關係之後三年，我發現我「生命中的摯愛」竟與藥物掛鉤（我已經在處理他酗酒的問題了）。

我因為男友的癮頭，受到非常負面的影響，包括情緒、心理及身體上。這樣的不快樂不斷出現在我的生命中，使我開始有偏頭痛與焦慮。在我們的關係中，沒有信賴、誠實、尊重與承諾，並且缺乏愛。但是我**相信**自己是在戀愛，時常活在幻想世界中，以為我可以啟發並激勵男友全面檢視他的生命，繼續維持這個美麗的家庭。改變他變成我的首要之務。但是我無法全心放在他身上，因為我同時還是母親、努力念書以拿到心理學學士的學生，以及學前教育老師——這些角色都會讓我分心。

有時候我只是順著事情的流，我會假裝沒有看到生活正在崩解，暗地希望也許一切都會停止。但是當孩子們再長大一些後，他們會對這樣不正常的生活表達恐懼、關切與感受。我知道我需要改變，但是不知道要到哪裡去找到力量。

當我神奇的媽媽給了我一本露易絲的書，就是我找到力量的時刻。我一開始就知道露易絲正在直接對我說話。她是個天使，直接觸動你的靈魂、撫慰你的心並提升你的心靈。她寫的這些話語真正撼動了我：「每一天，對自己宣告在生命裡想要的是什麼，以你已經擁有的方式來宣告！」在那個時刻，我了解到我需要專注在改變**我自己**，而不是我的男友。

我將自己沉浸在幫助與提升自我裡。《創造生命的奇蹟》成為我的聖經，到了夜晚我便傾聽她的靜心CD。露易絲給了我所需要的工具、靈感與動力，讓我拿回自己的力量，並向快樂承諾——這是個多麼美麗的觀念！我學習到所有人真的都有選擇，而我們擁有的唯一時刻就是此時此地。無條件地愛自己，並且學習去練習寬恕的力量是生命中不可或缺的關鍵。

我在結婚十週年紀念時結束了這段關係，孩子和我收到了許多祝福，我的生活現在充滿了豐富的和平、喜悅與深深的愛。我相信這是真實的，所以成真了！我深深感謝露易絲，因為她給了我愛、寬恕與轉化的禮物！

瑪賽拉，內科醫生，西班牙

一個美好的擁抱可以做的事

我一直想寫信給露易絲，感謝妳在這個旅程中教導我必須學習的最重要的功課。而今天就是這一天！在我生命中非常困難的時刻，有位好友送給我《創造生命的奇蹟》作為禮物。當時我快速瞄了一下畫著彩虹心的封面，然後想：**喔天啊，妳一定是在跟我開玩笑！**如果說露易絲根本就不對我的味，那還算客氣了。

但我發現書裡說的真的很正確：「老師只會在學生準備好時才會出現。」雖然我很抗拒，但露易絲開始重複不斷出現在我的生活裡——直到有天我準備好去聆聽她的訊息。

我在外在生活中享有成功與讚賞，但我發現其實我根本不愛自己，這實在是個令人難以下嚥的事實。我是個受過良好訓練的科學家，便決定給自己一個機會去測試露易絲的觀念。我嘗試了一個三十天的挑戰，每天在鏡子前面說「我愛妳」，但我並不認為這個實驗會成功：通常我只不過是在鏡子前看到另一個陌生人，以漠然的樣子和我對望。我感覺到更為焦慮不安、感覺很不好，甚至比開始這個挑戰之前還糟糕，於是我將露易絲的訊息棄置不理。

接下來發生了一件事。我剛搬到新城市裡，在度過了特別糟糕的一週後，有個和我相識不到兩個月的鄰居給了我一個擁抱。我非常震驚，突然了解到這竟然是我第一次跟相識不到兩個月的人有身體上的接觸。我看到自己多麼缺乏愛——兩個月一個擁抱，就是一年不過六個擁抱而已！

我決定要將露易絲的練習做一些小小的修改，再嘗試一次。這次我真的開始擁抱自己了！一開始我一天做四次擁抱，對我來說真是難受極了。然而，我堅持下去，增加到八個擁抱，然後是十二個，一直增加下去，就好像我是在做重量訓練。伴隨著擁抱的是「我愛妳」及其他仁慈的話語，再加上對我自己的鼓勵與情感。

擁抱自己並說「我愛妳」，是在我生命中非常有力量的事。我只是輕擁著自己，就像充滿愛的父母撫摸著寶貝的孩子，我因此感到好安全。最重要的，我感覺到被愛。我還是有難受的日子，但是現在當我不好受時，我只要提醒自己這就是需要愛自己更多的時候，而不是被捲入憂鬱的漩渦裡。

我把擁抱排入每天的私人行程，總是準時赴約，我知道我要去會見生命中最重要的人。還有一件很棒的事：當我在工作時擁抱自己，大部分的人只會以為我是在顫抖，所以我甚至不需要去解釋任何事！

與露易絲一起練習

想像一個完美的關係，去感受從頭到腳沉浸在愛中的感覺。這就是愛自己的感覺，卻不需要仰賴別人才能滿足你的那種負擔。你與自己的關係，是你能擁有最穩定、最恆常不變的關係，所以讓它成為你最棒的關係！你絕對是值得被愛的。對於這件事，你不需要證明，或是說服任何人。當你體認到自己是值得被愛的時候，其他人也會自然以愛來對待你。

藉由完成以下練習，你將能夠更深入探索你對愛的信念。在另一張紙或筆記本上寫下你的答案。

你的批判自我

批判讓內在的靈魂衰頹，卻從來無法改變任何事。讚美建立了靈魂，帶來正面的改變。寫下你在愛與親密的區塊裡批判自己的兩個方式。也許你無法告訴人們你的感受，或者需要的是什麼。也許你對關係感到恐懼，或者很容易吸引到傷害你的伴侶。

在每個你所認為的錯誤後面，去想想在那個區域裡可以讚美你自己的東西。

我愛我自己

在你的紙張或筆記本上寫下：**我愛我自己，因此……**盡可能以各種不同的方式去完成這個句子。每天念誦，若想到新的就加上去。若你有夥伴可以一起做，請這麼做：握著手輪流說：「我愛我自己，因此……」做這個練習最大的好處，就是當你說你愛自己的時候，幾乎不可能會再去蔑視自己。

你對愛與關係的感受

現在盡可能回答以下的問題：

- 當你還小的時候，對於愛你學到了什麼？
- 你的伴侶／配偶很像你的父親或母親嗎？是如何相像呢？
- 去想想最近的兩段親密關係，你們之間最主要的問題是什麼？

- 這些問題會讓你想到跟你父親或母親，或者兩者都有的問題嗎？為何會如此？
- 為了要改變這個模式，你需要寬恕誰，或者寬恕什麼？
- 從新的了解來看，你希望你的關係是什麼樣子呢？

鏡子練習

我們說到愛自己時，鏡子練習是非常有效的。當我們今天看著鏡子，大部分的人都會對自己說一些負面的話：我們不是批評自己的長相，就是為了一些事苛責自己。該是改變這種習性的時候了。

到鏡子面前，看著你的眼睛，說出以下的話：**「我愛你________（放進你的名字）。我真的真的好愛你。」**寫下這句話帶給你的感覺。

每天早上都做這個練習。你會發現越來越容易，而且在你生命中的愛將以神奇的方式增加。

愛與親密

讓我們來檢視你對愛的信念。回答以下每個問題，在每個答案之後，說出一個或更多肯定句來抵銷舊有的信念。

・在親密關係裡，你覺得你是值得的嗎？
・你害怕愛自己或他人嗎？
・在這樣的信念裡你可以「得到」什麼？
・如果放下這樣的信念，你會害怕什麼事情發生呢？

肯定句

❤我是充滿愛，可愛而且被愛的。
❤我允許自己去經驗親密的愛。
❤我值得被愛。我現在創造出長久、充滿愛的關係。
❤愛與接納是我的。我愛我自己。
❤我表達愛，而且不管到哪裡我總是吸引愛。
❤我願意讓愛進來。讓愛進來是安全的。
❤我越是向愛敞開，就越安全。
❤我溫柔充滿愛地對待自己，而我的伴侶也如此對待我。

- ❤我在愛裡是安全的。
- ❤沒有人可以虐待我。我感激、尊重並且愛我自己。
- ❤人們愛我做自己的時候。
- ❤不管到哪裡，我都是被愛而安全的。
- ❤我吸引美妙、充滿愛的經驗進入我的生命。
- ❤我完全接納自己，並且照顧我的內在小孩。
- ❤我愛我自己與我的性別。
- ❤我以充滿愛的眼光看待自己，而且我是安全的。
- ❤我的父母反映出我對自己身體的愛。
- ❤我以喜悅和自由表達欲望。愛讓我感覺自由。
- ❤我允許自己去享受我的身體。
- ❤愛我自己與他人，每天變得越來越容易。

愛的處方箋

在我存在的中心深處，有個無限的愛、喜悅、和平與智慧的水井。我現在帶著意識，花一些時間進入內在這無限之愛的水井中。我感受到愛就在那裡，我讓它成長擴展。我在我的世界裡聲明愛與親密。我是值得被愛的。我不是我的父母，也不是他們的關係模式。我是獨特的自我，選擇去創造，並保有一份綿長且充滿愛的關係——一個能在各方面滋養與支持我們雙方的關係。這是我存在的真理，而我如是地接受它。在我充滿愛的世界裡，一切都美好。

第三部
情緒與行為

第八章

達成心理健康

當你能夠接受其實是你選擇了自己的每個念頭與感受，那麼心理的健康幸福也變成了一種選擇。然而，接受為自己的想法「負責任」並不代表接受「責備」。那只是代表可以刻意去選擇每個新的想法，好拿回心智的主控權，而且這是愛自己與尊重自己的方式。你不需要因為一直都以自我毀滅的方式展現而繼續這樣下去。不管面對的是什麼樣的苦惱或挑戰，你不會再去強化舊有的負面與無望的感受，而是重新引導能量，去顯化更美好的生活。

以下這些故事裡的人們，分享了他們在追求心理健康的過程中，如何克服許多身體與情緒上的障礙。

母性能量

母親交給我一片CD，並說：「聽聽看，妳會因此而哭的。」

在過去兩年裡，我病得很重，醫生不知道要怎麼治療我，而**我**也不知道自己能做些什麼。我的世界變成了抗憂鬱藥物的轉輪（像是倉鼠在籠子裡周而復始踩踏著輪子），在超量服用一種藥物之後，我就再換另一種。雪上加霜的是，我父親突然過世，在他過世前我們的關係一直都很不好。

我聽過露易絲，因為我家附近有間一直很吸引我的形而上學書店。我真的很喜歡去那裡，因為感覺起來很舒服。即使如此，我卻沒想過要買任何東西，因為自助書籍和那些玩意兒的數量實在多得有點讓人喘不過氣，其實我只是不知道需要什麼樣的幫助。

終於，在一個安靜的日子裡，我將母親給我的CD放入手提音響，戴上耳機，然後躺在沙發上，並沒有期待會發生什麼。在聽到露易絲的聲音後，我立即感覺到被一股「母性」能量環抱。讓我有如此感受的不是她的**話語**，而是她聲音中的聲調，以及背後的意圖。媽媽說的沒錯——我真的哭了。聆聽這CD觸動了我內在某個不知名、甚至不知道已忽略許久的東西；就在那一天，我的療癒旅程大門就此打開。我感覺似乎是得到了准許去開始療癒，在深深的內在裡，我知道一切都是沒問題的。我馬上去造訪那家書店，還買了許多導引靜心，然後每天很忠誠地花一個小時傾聽。

梅德馨，作家與編輯，奧瑞岡州

慢慢的，我的世界開始打開，變化發生了，而且遇到了以我所需要的方式來幫助我的人。那是一段很長的過程，直到今天我都還在學習成長。我回首之前的日子，知道若是只有我一個人，根本無法做到——我們沒有一個人可以。今天我將它傳遞出去，透過我的工作幫助他人，並且成為賀書屋叢書裡的作者群之一。

傑琪，作家與家庭教育者，英國

以不同的方式看待人生

我現年五十一歲，有個十歲的美麗兒子。我想要分享我的故事。

我相當幸運，被我母親以母奶餵到約八個月大，之後因為我母親覺得很疲累，於是請求醫生協助停止哺乳。他建議在胸部上放些苦苦的藥丸，而這非常有效。所以在我生命中的這個年紀和階段，我就經歷到全然的拒絕。我失去了食物來源——更不用說愛、舒適，以及和母親之間的連結。事實上，我整個的人生都因為這次經驗而粉碎了。

我四歲的時候，脖子上長了很大的東西，因此住院住了好幾個月。當時父母親不可以去探望孩子，所以不難想像我被留置在那裡時有多麼憂傷。在我要回家的當天，醫院發現我的脖子上又長出了其他東西，他們決定繼續將我留置幾星期以深入調查。對像我這樣的小女孩來說，那真是極端令人絕望的事。

我有好幾年為憂鬱症所苦。在少女時期，我酗酒、被強暴三次、長大成人後健康狀況不佳，身體出現腫瘤。我有許多嚴重的頭部創傷，發生在喝醉酒時造成的意外。我跟一個男人同居了十七年，而我們劇烈爭吵的程度就像是貓狗打架。當我們最後分開時，他以酒精與藥物自殺了。

我四十一歲時遇到了很棒的男人，生了一個很美麗的小男孩（其實在那之前，我一直以為自己不會有孩子，所以這真的很棒）。在我兒子出生後，我又再次受苦於不佳的健康狀況：肺炎與支氣管炎發作、因昏倒使頭部嚴重受傷，還有腫瘤（以極佳的順勢療法來治療）。我還有產後憂鬱症，並且因為無法親自哺育我的兒子而感到絕望。此外，我有八年沒有味覺與嗅覺，耳朵嚴重感染，而且總是覺得筋疲力竭。

然後在我五十歲時，發現了露易絲。我上了她的「療癒你的生命」課程，買了書籍與CD。我學習到肯定句、愛自己、因寬恕而療癒的力量——從那之後我再也不往回看了。

這位美妙的女士與她的理念給了我自由與興奮感，讓我可以用不同的方式看待生命。現在我很少生病，不再感覺到悲慘與憂鬱，並且將生命的經驗視為挑戰與學習曲線，為我帶來了生命的多樣與豐富。

露易絲，我非常感謝妳，也非常愛妳！

卡羅琳，音樂藝術家、作家與企業家，加州

露易絲的藥方

我在一九九〇年代中期開始接受整體養生法，而露易絲的方法（也就是她的書籍《創造生命的奇蹟》與《療癒你的身體》）成為其中的一部分。當時我剛被醫生診斷為躁鬱症，因此正在尋找非處方用藥的解決方式。

每天晚上，我會檢視身上是否有任何不平衡，並應用露易絲的靜心「藥方」來治療。每當我白天在處理工作時，我會運用她其中一句肯定句來擊退我可能會遇到的低落感受。伴隨著特別的飲食與運動計畫，我不僅能不用藥而康復，甚至超過十年都沒有感冒！

露易絲的方法一直是、也將持續是我維持健康的重要技巧。我感恩於所有這一切及生命自身。

艾玻兒，作家與藝術家，喬治亞州

新生命誕生了

小小的黑色積雨雲、眾所周知的「黯淡前景預言家」、對抗的、毫無希望的：這就是我。我四年前認識露易絲之前，就是這樣的人。對有些人來說，生命的課題相當容易；對其他人來講（譬如我），則必須去選擇戰爭、進入戰爭，然後贏得勝利。若是相信單單靠著自我厭惡、不堪一擊的刀劍武器及不良的態度就能戰勝惡魔，那可真是無可救藥、愚蠢單純的想法。若要說有什麼不同，問題只會變得更嚴重，還會在更黑暗的自我流沙之中沉沒得更深。

我花了生命中大部分的時間，去尋找在擺盪不安的時期仍能穩定行走的心靈教導。我花了將近二十年，從強加在自身上的痛苦與憤怒中去接納並且愛我自己，帶領自己在這個世界找到立足之地。我年輕時就被診斷為躁鬱症，在生命中橫衝直撞，一點都不在意航跡中遺留下來的殘骸。混亂旋繞著我，就像是鬼城裡乾枯的風滾草，遮蔽了我的視線，在滾滾飛揚的塵土中看不見出路。一直到我轉而面對我的疾病，開始為自己的生命負責，這段旅程才真正開始。

我開始在黑暗之中胡亂摸索，朝著針孔般微弱的光走去，就在這樣的黑暗中，希望的種子以平凡的形式播下。偉恩．戴爾博士挑戰我，要我改變想法，激勵我去了解最終的召喚：成為一個作家。狄巴克．喬布拉教我要毫無限制地活出生命，讓我體認並謙卑接受直覺的力量。而朵琳．芙秋的天使療法預言卡，成為我建立整體自我療癒基礎不可或缺的一部分。露易絲深深影響了我的生命，而且不只侷限在書頁裡。

我的療癒之旅始於悲慘充滿創傷的童年。我的青少年時期充滿了不安與憂鬱，青年時期則在上癮、嘗試自殺與心理疾病裡困惑著。但就在這樣備受污染的胚胎裡，我的新生命誕生了。其實這不可能以其他方式發生。露易絲幫助我看到，為了療癒我的身體，首先我必須要療癒心智。我必須要剝除自己舊有的外層，找到被黑暗影響的生命所染污的純真。讓我能夠做到不凡的康復與成功控制躁鬱症的主要力量，是直接來自那深厚的信念，隨之一起的是身心靈的重生。

露易絲的願景幫助我找到了自己的願景，只說「感謝」是遠遠不夠的。我在此將重複她書中所告訴我的話語——這些讓我可以坐起身子，開始從加諸在自身、從遠離真我的限制中釋放出來的話語——「如果你接受有限制的信念，那麼它將成為你的實相。」

希望

瑪爾法，健康指導師、生命教練、心理學家，佛羅里達州

我出生於烏拉圭。我母親有著最甜美的聲音，滋養我的靈魂並溫暖了我的心。我最後一次看到她是在我五歲時，她死於癌症。我的世界變得空虛寂寞，當我父親死於心臟病時，這個世界變得難以忍受。我覺得這世上沒有我容身之處，找不到人可以依靠。就像許多第三世界國家的孩子，我流離失所，渴求食物與愛，單純只為了存活下來。

到了十幾歲時，我找到了一份僕役工作。有天我發現了半瓶安眠藥，便全數服下，決定要結束極度痛苦的一生。當我在醫院中醒來，我哭了，因為我竟然還活著，伴著我的還有一個小小的塑膠袋，裡面裝著幾樣隨身物品。我被告知說那些雇用我的人，並不想管理一個有情緒問題的青少年，因此要我離開。我比之前感覺更糟糕，心中想著若有下一次，我要割腕自殺。

然後有位護士帶來了奇蹟，拯救了我的生命，那就是《創造生命的奇蹟》。當我讀著這本書，我感覺到我的身體、靈魂，還有心都震顫起來。自有記憶以來，這是我第一次感受到希望。

露易絲成為我失去的母親及朋友，所以我盡可能去找她的書來讀。我不只看她的書，也聆聽她的聲音，隨身帶著她的肯定句卡片，每當有需要就將卡片給出去。

認識露易絲之後，許多奇蹟開始來到我的生命中：

- 我學習到去照料那個孤單、沒安全感，總是啼哭不休的內在小孩。

‧我將自己從負面想法、罪惡感、悲傷與難過裡解放出來。
‧即使當我還只是個青少年，我就努力幫助別人；當機會來臨，我上了大學並成為心理學家。
‧當我發現原來身心靈是同一個存在體時，我變成了健康指導師。我告訴人們只要改變思考的方式，就可以改變他們的生命。
‧我從極端貧窮到達舒適的生活，但是我的心和靈魂一直在找尋意義與目的，於是我決定放棄財務上的安全，轉而尋求內在的自由與和平。現在只要我可以，我就在醫院做志工。我特別喜歡和兒童相處，因為我可以給他們愛，鼓勵他們繼續往前。幾個月前，我決定投資生命裡的每一秒鐘，去傳布這個話語：每個人都是有希望的。

露易絲，謝謝妳。今天我說話、呼吸、吃飯、睡覺與行動，都有妳在我心中。我愛妳。

瑪麗娜，學生，西班牙

靈魂的召喚

我和露易絲的連結是以一種很有趣的方式開始的。當時我覺得很迷失、沒有方向，正在尋找可以幫助我的人事物。我還記得在二十三歲時發現《創造生命的奇蹟》的細節，當時我待在朋友家，大聲呼求協助：「拜託，我需要幫助！」我仔細看著書櫃，而這本書就在那裡！這只是個開始——從那之後，我發現奇蹟無所不在。

在生命的那個階段，我非常絕望。我有重鬱症已經超過一年，而且當我還小的時候，就深受厭食症與不正常的飢餓或食欲過盛所苦。我真的覺得一團糟。在我朋友家裡的一整個週末，我就讀完整本露易絲的書，讓我震驚了許久。在生命裡從來沒有人告訴過我，原來想法可以創造任何事物，所以我同時覺得很憤怒（因為無法接受這個觀念），又驚歎於嘗試去做所可能帶來的好處。

下一步是去買一本屬於自己的書，並且開始練習露易絲的肯定句。對我來說最難的事就是去說「我愛我自己」。這是一句很短的聲明，要讓心智接受卻很困難。隨著時間過去，我了解到如果想要克服憂鬱與失序的飲食，我必須要開始愛自己。於是我就這麼做了！

我可以向你保證，我再也沒有過去那些讓生命如此糟糕的問題了。現在當我看到飲食又不太正常，或者有困難的狀況發生時，我會記得不再害怕，知道那只不過是我的靈魂在召喚我。露易絲的肯定句幫助我去看到，以憎恨或處罰來對待自己是沒有必要的。

在我生命中有許多人幫助過我，我非常感謝他們。但是露易絲，妳的訊息是這麼清楚直接，是我療癒的基礎。非常謝謝妳做了這麼多，並且仍然繼續在做。妳改變了我的生命，讓它變得更好，我要送給妳很多的愛。

正面洗腦

珍妮特．蕾貝佳，房地產經紀人，阿拉巴馬州

我第一次閱讀《創造生命的奇蹟》是在十八歲的時候。父親去世後，我已經斷斷續續在自殺的憂鬱中掙扎超過兩年。我忍受了一段非常不快樂的童年，充滿了宗教上的批判與拒絕——我因為過重與被告知沒有天賦而感到十分羞恥。

我服用過許多抗憂鬱藥物，但都沒有用。然後我發現了露易絲的書，這些書給了我力量，而我甚至不知道自己擁有這份力量。這個想法（我有選擇，並且要為自己所相信的負責）將我大大敞開了。

我開始對自己正面洗腦，好擺脫成長過程裡帶來的負面信念。我首先了解到神是愛：這是我所不能理解的**無條件**的愛；然後，在我是我父母的孩子之前，我就已經是神的孩子了。我被這些了悟所帶來的可能完全充滿：自由、和平、無限制的愛；內在與外在的美麗與豐盛；無窮無盡的力量；從更高的地方而來的智慧。我開始去解除這輩子一直被教導的：我是沒價值、無用、愚笨、醜陋和肥胖的，以及我從來沒有在財務上自給自足。

我最後終於可以認出內在自身的美麗，並成為一位成功的模特兒：其實我靠著外表賺錢！接著我在二十一歲時變成了房地產專業人士，證明了我從神遺傳而來的聰明與智慧，不到二十八歲我就已經是百萬富翁了。我開始吸引人們注意，並且帶給我（以及他們）加分（而非破壞性）的關係。

我現在三十四歲，當我回首過去，我的旅程帶領我到達從未夢想過的境地。謝謝露易絲，我學習到絕對不要把任何限制加諸正在做的事情上。當然，我還是會有掙扎的時候，也一定會有疑惑，但是我從不放棄。在十六年的學習與反省自身之後，我已經準備好要進入得更深，並且願意去看接下來生命會帶我走向何方。我比以前更加信露易絲的教導！

茱蒂，靈性存有，夏威夷

充滿祝福的生命

以下是我在發現露易絲之前所相信的：

- 我是個錯誤。
- 姊姊和我太常吵架了。
- 母親自殺是因為我出生了，以及姊姊和我太常爭吵了。
- 母親不夠愛我，所以無法一直跟我在一起並撫養我。
- 母親有精神分裂症，因為這是遺傳性的，我應該永遠都不要有小孩。
- 我永遠都不夠好。
- 沒有人喜歡我。
- 我不值得父親的認同。

- 我總是被遺棄。
- 我是個騙子。
- 我沒有權力主宰我的身體或個人財產。
- 我永遠無法被信任。
- 我是不討人喜歡的。

我在二十一歲時被診斷出**焦慮精神官能症**，開始第一回合的治療。一年後，我了解我不需要為母親的自殺負責，可以用「想」的來原諒我自己。

我在二十九歲時祈禱：「神啊，如果祢要我孤獨度過一生，祢必須要教我怎麼做。但是如果祢要我以自己的方式去做，請送給我一個在心理、情緒、精神上都健康的人！」然後格雷就出現了，而我再也不回頭看。

即使我已經從格雷和我們兩個小孩那裡得到很多無條件的愛，我還是覺得自己像是一輛在街上漸漸減速的汽車，雖然有三個完好的輪胎，卻有一個報廢了：有個東西不見了。然後有個朋友給了我《創造生命的奇蹟》，於是我真正的寬恕過程開始了。我最後了解到我的父母已經就他們所擁有的工具（這也是他們的父母所給予的）而盡力做到最好了。

露易絲也讓我了解到，我需要連結自己的內在小孩。我將她像個嬰兒般包裹好放入壁櫥裡。牽著她的手，帶領著她步入光中，讓她看見所有愛**我**也愛**她**的人。我承諾她我就在那裡保護她，再也不會讓任何人傷害她。

露易絲來到我的生命裡，讓我覺得自己真正受到祝福。現在我六十歲了：擁有三十年美滿的婚姻、有兩個充滿愛又很有創造力的孩子、住在夏威夷並喜愛我的生活。我覺得我是如此受祝福，而且我知道宇宙還有更多祝福要給我。

希望每個讀到這篇文章的人都能了解，你也可以跟著露易絲及她所提供的工具來療癒你的生命。不要害怕，牽著她的手，她會帶引你去經歷。記得要請求你的天使幫忙。祂們想要幫助你，祂們只需要你提出請求。

克利斯多福，藝術家、作家與激勵演說家，貝里斯

拿回我的力量

我還是個小男孩時，便相當珍視並尊重生命。我喜愛家鄉這座小小島嶼，上頭的植物和動物對我來說都很特別。我拒絕暴力遊戲以及和同儕打架。我母親告訴我，我小時候每天早上醒來都會唱歌。我相信這個世界是美麗的。

但是在我三歲到八歲時，有幾個經驗讓我把情緒關閉起來。我不記得發生的細節，但是確實記得自己赤裸裸地在壁櫥裡被找到，和另外兩個年紀大我一倍的女孩子在一起。我清楚記得受到的懲罰：我就在自家後門裡，被要求跪在上面覆蓋了排水管的鐵製爐柵上。為了要讓我真切地感到羞恥，我必須要面對敞開的大門、全身赤裸地跪著。似乎所有鄰居都在那天跑來嘲笑我，猛力

對著我的私處羞辱我。然而，這件事對我的自尊的傷害，卻一直到多年後才顯現。

我把這個羞恥的記憶埋藏起來，直到二十四歲時在醫院被診斷為躁鬱症。我的生活變成一場住院與藥物治療的夢魘。在我進出精神病院高達二十七次之後，我相信仍有其他選擇來治療我的心理健康。我有很強大的信心，敞開去嘗試不同的方法，只為了讓自己變得健康，然後我的女朋友介紹露易絲和《創造生命的奇蹟》給我。

露易絲的故事深深觸動了我，而我完全能認同她早年的痛苦與自尊的課題。她的故事（釋放並完全寬恕在她生命中的所有人）給了我勇氣，讓我看到自己一直緊抱著對抗父親及其他人的憤怒，並且允許這些人拿走我的力量。我了解到孩童時期的虐待，常是因為無知而發生的。所以在父親的想法裡，他的規定是為了試著教導我身為年輕男孩要如何自重。露易絲給我勇氣去接受自己，並且看到神是充滿愛的臨在，歡迎我本然所是的樣貌。我因而能夠轉化想法，運用她書中的肯定句來療癒我的心智。

現在我是露易絲理念的活生生例證。我完全被療癒了，也不須再服藥，住在貝里斯一個美麗的島嶼上，每天做我喜歡做的事情。我是個成功的藝術家、作家與激勵演說家，以我的書與藝術服務他人。透過信念、祈禱、努力工作、研究及神聖指引，我的天使們前來拯救了我。露易絲就是這些天使之一。

建構我最棒的生活

喬蒂．李，銷售代表，加州

我在三十一歲時離開了一個情緒失控的男人。我有兩個不到三歲的孩子，其中一個還有嚴重的健康問題，時常進出醫院。我超重且失業，需要付房貸，有法律訴訟，還有一輛即將要報廢的車子。當憂鬱症與毫無希望的感覺出現，我為了自己與孩子尋找諮詢協助。我在等待諮商的時候，拿起了《創造生命的奇蹟》，讀了幾頁。我當時連這麼一本書都負擔不起，於是治療師就把那本給了我。

當我讀著露易絲的書，養成每天練習肯定句的習慣，便漸漸覺得好多了。很快的，我便開始慢跑，這是我從十三歲以後就再也沒有做過的事情。我的憂鬱症不見了，渴望內外都盡可能健康起來。我再次進入學校上學，上瑜伽以及其他我感興趣、具挑戰性的課程（這是我以前絕對不會做的事）。一直以來，我不斷重複讀著《創造生命的奇蹟》。這本書變成了我的聖經。

很快的，我原本一直帶著的倦容不見了，我減了十一公斤，再次感到年輕。因為我很喜歡上學，我的成績是他們所見過最高的。以往的友誼也隨著生命的展望而重新開始。十八年來，我一直很不喜歡我的繼父，但現在也開始和他建立新的健康關係。我完全變了一個人，有很多愛可以付出，也能夠好好接受愛。過去，我是如此孤立無援，總是冷淡寡言，我發現自己拒絕別人，是因為覺得自己不值得。現在這些都已從我的內在改變了。

我感覺自己被賦予很多力量。當我的兒子行為偏差時，我將肯定句貼在他的牆上。我載他上學時，要他看著遮陽板上的鏡子，大聲重複肯定句。有次在前往摔角比賽的路上，他含混不清地說著被打敗的感受，但其實他根本就還沒上場。當時我們還在開車，但我把他前方遮陽板上的鏡子打開，開始以肯定句來幫助他。那天他在那場錦標賽裡得了第二名。我相信那是他第一次了解到肯定句的威力有多大，這使他變得願意繼續這個練習，甚至在上了高中後也是如此。

露易絲，距離我第一次拿起《創造生命的奇蹟》這本書已經有二十年了，而我想要謝謝妳，當我的內在正在垂死邊緣，把我帶回生命之中。我那時只有三十一歲，卻覺得自己已經九十一歲。我想要謝謝妳提供了我需要的工具，讓我能夠建構最棒的人生。

達倫，監獄守衛，德州

往上盤旋

多年來我一直在對抗嚴重的心理疾病，狀況很悲慘，所以我差不多準備好要自殺了。我決定要試試針灸，於是告訴治療師，我願意付出任何代價，只要不再活得像這個樣子。他給了我一本《創造生命的奇蹟》，而我的生命也因此整個翻轉。

我必須要把這本書讀好幾次才能抓到一些東西；我對於服用的藥物有許多不良反應，但是對我來說，要把這些東西搞清楚實在很難。但是我仍然繼續堅持，而且已經可以在心智裡創造更多的和平與組織架構。我又去買露易絲的CD，對我也有很大的影響。我第一次聽的時候，就無法遏抑地哭了，我看到自己是如何地不愛護身體。

在某次鏡子練習後，我第一次體驗到完全的接納：我了解到我值得擁有快樂與健康。肯定句、鏡子練習、愛及時間所能做到的真是太神奇了。我現在真的很享受做自己，這是我在嬰兒時期之後不曾經驗過的。我大部分時候都持續練習肯定句，而當我又退回到原有的負面思想時，我不再鞭笞或責備自己。是的，在人生路上確實有很多的障礙與碰撞，但是當我發現可以依靠自己時，我並不孤單。

我很驕傲於堅持這所有的療癒工作，並讓它帶著我往上盤旋。我現在正在學習溫和對待自己與他人。這對身為監獄守衛的我來說是很大的挑戰。

最近，有個囚犯因為我不能在他想要喝水的時候給他水而威脅我。當我能夠拿水給他的時候，我回到他的牢房要拿給他。他還是非常具攻擊性，並且拒絕了。我看著他的眼睛告訴他，我原諒他對我說的所有話。他只是低下頭並且說謝謝你。我記得他本來是個很蠻橫、讓人苦惱的孩子。這讓我很感動，因為只不過藉由「我原諒你」這幾個簡單的字，我就能夠把正面形象放入一個人黑暗的心裡，而他有可能在生命裡從來都沒經驗過任何仁慈。

我愛露易絲（以及賀書屋），希望有天我能夠給她一個擁抱，謝謝她所做的這些事。我的內在再也不會感到空虛，而我是如此受到祝福，遠超過我夢想的。我回到了我的生活，覺得自己是世界上最幸運的人！

拯救我生命的天使

娜塔莉，企業家，猶他州

我出生於嚴格與掌制的宗教裡，十八歲時就被許配給大我十五歲的一夫多妻論者。他的第一位妻子和我水火不容，在經歷兩年的婚姻之後，自殺似乎是唯一（也是最輕易）的逃離方式。如果我犯下這種罪行，我的宗教說我會因此而下地獄，但即使如此，看起來還是比我所處的這個世界好多了。

我的一天從眼淚開始。上班之前，我可能會因為喜悅而雀躍地跳上跳下，但這只不過是為了要開始下一次的哭泣。狂躁的憂鬱侵蝕著我，使我常常躲到桌子下啜泣。我恨透了我的生活，卻沒有勇氣去做任何事，因為那代表了要挑戰我的信仰，離開所有我所熟悉的事物。

然後我在工作地點的洗手間櫃子裡，發現了《創造生命的奇蹟》。這本書不是我的，因此我並沒有拿走，卻一直不斷想起。最後，我把這本書借回家並且一口氣讀完。如果說這本書後來成為我的聖經，真的是一點也不誇張。從早上醒來到晚上入睡，我會不斷默念我的肯定句——就算我只停下來一秒鐘，我也會馬上受到焦慮的攻擊，然後又開始哭泣。

然而不過幾個星期，我就注意到生命中的一切都改變了。我學到愛我自己，情緒也穩定了下來。我也得到勇氣，能夠站起來面對權威，包括我的先生。在六個月裡，我已經能夠掌控我的人生。有幾個神奇事件發生了：金錢開始從四面八方流向我，所以當我帶著女兒離開的時刻來到，我已擁有離開所需的一切。我的車子沒油時，油箱又奇蹟式地重新加滿。關於這類控制身邊的環境、打開原本閉鎖的門，我有過許許多多的體驗。

《創造生命的奇蹟》已經是我生命中最棒的祝福之一。到今天，我不斷重複我的肯定句，運用露易絲的智慧來幫助我。我感恩賜予給我的挑戰，因為它們幫助我學習到，要成為地球上更明亮的光所需要的事物是什麼。露易絲，妳是拯救我生命的天使，我全心知道是神將妳的書送來給我。現在我二十六歲，擁有幫助別人的智慧與力量，我從妳書上學到的功課是無價的，我會盡可能傳遞出去。謝謝妳，願神繼續給妳靈感，啟發妳。

蒂芙娜，數學教授，南斯拉夫

前往真正的療癒之路

一九九二年，我四十五歲，已婚，育有兩個孩子，職業是數學教授。之後我病得很重，兩眼都失明了。後來我得了葡萄膜炎（譯注：一種自體免疫性系統疾病），貝爾格勒（南斯拉夫首都）的眼科醫師用類固醇治療我，但是距離我住的地方有兩百哩之遙。令人感謝的是，醫生讓我恢復了視力，但是類固醇的副作用使我的荷爾蒙狀態變得嚴重不平衡。然後在一九九七年，我開刀移除了甲狀腺和副甲狀腺上的惡性腫瘤。當然，不用說也知道我當時的感受有多糟。

一九九九年，北大西洋公約組織在塞爾維亞進行轟炸時，我得到醫生那裡回診，做更多的治療，他們給了我一種荷爾蒙來刺激腎上腺。然後我發現我先生有了外遇。我的心都碎了，陷入憂鬱症的狀態。醫生認為我服用的荷爾蒙造成了我現在的狀況，但是我還是被送到貝爾格勒的精神病院。

在那裡，我遇到很多和我一樣憂鬱的女人，其中一位推薦我看《創造生命的奇蹟》。我一離開醫院，就去買了一本，馬上開始閱讀。露易絲變成了我的救世主！她的書幫助我了解到，所有疾病都來自不願意寬恕，對我來說這是個絕對的啟示。

接下來我又繼續購買和閱讀所有露易絲以塞爾維亞文出版的書。露易絲打開了我的心智，讓我進入全新的觀點，向我顯示真正的療癒之路。

美好的事情逐漸開始發生在我身上。首先，我跟女兒變得非常親近。她那時也正經歷一段艱困的日子，而露易絲的書對她也產生很大的影響。（她最後成為一位醫生——也許我的疾病影響了她的道路？）我了解到在我生命中發生的那些「壞」事，其實是導引我到最高的良善，因為我學到了愛我自己，然後療癒了自己**與**我的人生。

我現在覺得很好，雖然還是有視力上的問題，但重要的是我存有的核心（我的心與靈魂）已經被療癒了。露易絲，願神祝福妳，我非常非常感謝妳。

與露易絲一起練習

當你在經歷改變思想的過程時，要對自己有耐心。改變是逐漸的，期待馬上看到效果，只會讓你覺得挫折灰心。允許這個過程自然開展，當你準備好的時候，一步一步地走。也要記住，你不需要自己做所有的事情。當你需要時，接受別人的幫助也是一種愛自己的行為。

藉由完成以下練習，你可以開始走向心理和平與健康的旅程。在另一張紙或筆記本上寫下答案。

處理被壓抑的憤怒

憂鬱是轉而向內的憤怒，也是一種你覺得沒有權利擁有的憤怒。譬如說，你可能覺得不可以對父母、配偶、老闆或最好的朋友生氣。但是你**真的**很生氣，而且你覺得卡住了。那個憤怒就會變成憂鬱。現在有太多人因憂鬱而受苦，甚至是慢性長期的憂鬱。

處理憂鬱最好的方法之一，就是允許自己去表達一些憤怒，如此你就不會維持在這個狀態裡。捶打你的枕頭或大聲叫喊可能非常有幫助；但要確定你表達時，是在**釋放**憤怒。

你在釋放憤怒時，覺得尷尬是很正常的，特別是當它違反了你家裡處理憤怒的家規。你第一次做時，會覺得很尷尬，但是再深入去做時，會變得相當有趣而有力量。神不會因為你生氣而恨你。當你釋放掉一些像這樣的老舊憤怒，你就能用新的眼光看見你的情境，發現新的解決方式。在你的紙上或筆記本上寫下你的發現。

列下清單並且寬恕

接下來播放一些輕柔的音樂（可以讓你感覺放鬆與平靜的音樂），讓你的心智開始飄浮。回到過去，想想那些你很氣**你自己**的所有事情。寫下來。**全部**寫下來。你也許會發現，你從來沒有原諒自己一年級時因為尿濕褲子而產生的羞愧。你竟然帶著**這樣的**負擔這麼久了！

有時候原諒他人比原諒自己來得容易。我們通常對自己比較嚴格，而且要求完美。我們所犯的任何錯誤都會被嚴厲地處罰。現在是超越這個舊有態度的時候了。犯錯是我們學習的方式，如果我們是完美的，那就沒什麼需要學習的，也就不需要來到這個星球了。

「完美」並不會帶給你其他人的愛與認同，只會讓你覺得「不對」及不夠好。高興起來，停止再用這樣的方式對待自己。是原諒自己的時候了。放下。羞愧和罪惡感是不需要在你的生命裡的，你是自由的。

內在小孩

許多人都有個迷失、孤單、感覺被拒絕的內在小孩。也許我們長期以來接觸內在小孩唯一的方式，就是去責罵與批判他。然後我們覺得很奇怪，為何會如此不快樂。我們無法在拒絕自己的一部分之後，仍然可以在內在保持和諧。

療癒的一部分，就是將自己的各個部分聚集起來，如此你才可能成為整體與完整。讓我們做一些練習，使你可以和這些原本忽略的部分連結。

．看著一張照片。找一張你孩童時期的照片，如果沒有，問問你的父母，或是請其他家庭成員寄給你一張。仔細研究這張照片。你看到了什麼？有可能是喜悅、痛苦、悲傷、憤怒或恐懼。你愛這個孩子嗎？你可以和他／她連結嗎？寫下關於你內在小孩的一些話。

．畫一張畫。現在創造一張你孩童時期的自畫像，用蠟筆、彩色鉛筆或任何你想用的方式。但是，記得要用你不常使用的那隻手來畫（不是用來寫字的那隻手），因為這可以幫助你打開更多創意的部分。

．描述你的創作。你所創作的畫告訴了你什麼？你用了什麼顏色呢？這個小孩在做什麼呢？

．和你的內在小孩說話。現在花一點時間和你的內在小孩說話。去探索他／她。去問問題，如果可以，你可以看著鏡子做。以下有一些建議：

- 你喜歡什麼？
- 你不喜歡什麼？
- 什麼會讓你害怕？
- 你感覺如何？
- 你需要什麼？
- 我要如何幫你才能讓你感覺安全？
- 我要如何讓你快樂？

．運用觀想：閉上眼睛，觀想自己正在擁抱你的內在小孩。告訴他或她，你就在那裡，並且會做任何你能做的事情，永遠去照顧他或她的需求。

和你的內在小孩一起歡笑

當你在焦慮或恐懼的狀態而無法正常運作時，有可能是因為你拋棄了你的內在小孩。現在去想想，你要如何重新和他或她連結。你們可以一起做什麼事？你可以做什麼**只為你自己而做**的事？寫下十五個讓你可以和你的內在小孩一起歡樂的方式。你們可能可以享受閱讀好書、看電影、做園藝、寫日記或泡個熱水澡。真正花點時間去好好想一想。

當你做完列表，去試試幾個「孩子氣」的活動。到遊樂場去盪鞦韆、用蠟筆畫畫或爬樹。到外頭去跑步，真正狂野、自由地跑（翻筋斗、在街上跳來跳去），並且在你做的時候大笑！帶著你的內在小孩，好好玩一玩。如果有人看著你那又如何？自由是最重要的一件事！

每天至少從你的清單上找一個活動來做。你**可以**開始創造一個快樂的童年。讓療癒開始吧！

自我價值感與心理健康

現在讓我們來檢視和你的心理健康相關的自我價值感部分。回答以下問題。在每個問題之後，說出一個或更多正面肯定句，去抵銷負面的信念。

- 你覺得自己值得擁有心理的健康嗎？
- 你對自己的健康最害怕的是什麼？
- 你在這個信念裡「得到」了什麼？
- 當你放下這個信念，你害怕會發生什麼呢？

肯定句

❤我的心智創造了我的經驗。我的能力是無限的，可以在我生命裡創造美好。

❤我接納所有的情緒，但我選擇不要沉迷其中。

❤恐懼與難過只不過是想法，而想法可以被改變。

❤我的心智是清明與平靜的。

❤我允許自己處於和平中，並接納生命的完美。

- 我能掌控我的情緒與靈性成長。
- 我看見我的模式，我選擇做出改變。
- 我在宇宙裡是安全的，所有的生命都愛我與支持我。我願意從過往中解放我自己。
- 我有權力、力量與知識來處理生命中的一切事物。
- 表達然後釋放我的憤怒是安全的。
- 我允許生命流經我。我在和平之中。
- 我願意自在地往前邁進。
- 我現在對我自己與我的人生創造新的想法。
- 我再也不批判自己，我的心智在和平之中。
- 我喜愛並且認同我自己。
- 我為自己的人生負責。我是自由的。
- 我撫慰我的內在小孩，我們是安全的。
- 我值得擁有美好的生活。
- 我一直都是安全無憂的。愛圍繞著我並且保護我。

心理健康的處方箋

我聲明每時每刻在情緒上都是健康幸福的。我是自己最好的朋友，而且享受和自己一起生活。經驗來來去去，但是我一直和自己在一起。我選擇和平、喜悅與提振的想法。我是自身獨特的自我，我以舒適、安全與和平的方式在生命中前進。這是我存有的真相，我接受它就是如此。在我的心與心智裡，所有一切都美好。

第九章

轉化舊有信念

每一天都有無限的轉化機會，然而許多人即使已深陷痛苦的模式中，仍然不能或不願意改變舊習性。有些人害怕放下熟悉的事物，不管那是多麼令人苦惱。或者，我們被日常生活中的一切緊緊抓住，甚至讓我們無法察覺其實「還有」其他辦法。

每當我們生出新念頭，就有一個改變的機會，因為每個新的念頭都是「選擇」。我們可以選擇永存不朽的負面念頭，或者選擇奠基於愛的念頭。要創造美好的新生活，始於接納我們本來就很棒，並且值得美好的事物。

以下的故事讓我們看到，只要一個人移除過往的信念，生活可以產生多麼巨大的改善。

改變我的命運

愛琳娜，整體諮商師，澳洲

我在一九七〇年出生於俄羅斯，十八歲結婚。到了我二十歲時，我和丈夫、小女兒移民到以色列。一九九四年，我很不情願地同意再次移民到澳洲。

我在情緒上和身體上飽受我先生虐待，變得既憂鬱又孤單。當我在右臂上發現黑色素瘤時，我先生離開了我，和我以為是朋友的女人在一起。我在新的國度裡成為單親媽媽——我幾乎不會說英文，沒有地方住，也沒有錢，甚至沒有任何親友。我所擁有的只有六歲的女兒。

然後，我在二十八歲時被診斷出在肺部和脊椎有七個惡性腫瘤，被告知只剩下五到八個月的生命，存活機率只有一萬分之一。我發現一本俄文版《創造生命的奇蹟》，而這本書幫助我改變了我的命運。**為什麼我不能成為那萬分之一呢？**我疑惑著。我想要康復，而露易絲教會我怎麼做。

我做的第一件事就是盡力寬恕我的前夫，放下他對我造成的所有痛苦。我也以營養品、愛自己、靜心、祈禱、肯定句，以及和我女兒之間歡樂的活動，來滋養我脆弱的身體（就像露易絲對她自己所做的）。最後，腫瘤消失了，而我繼續盡可能去找更多露易絲的書來看。

《內在智慧》（*Inner Wisdom*）提供了洞見，讓我看到為何所有事情會發生在我身上；《給露易絲的信》（*Letters to Louise*）幫助我感受被愛；《心思想》（*Heart Thoughts*）讓我每天都有動力，《賦予女人力量》（*Empowering Women*）則啟發我，使我成為正面而肯定的女人，有能力去做自己的決定。而下面這句肯定句將我帶回生活，創造了我的成功之路：**所有一切都美好。所有一切都是從我最高的良善而來。在這個情況下，只有美好會來到。我是安全的！**

露易絲成為我生命裡真正的靈感來源。我學到信任生命，而生命開始照顧我。在我看完《創造生命的奇蹟》一年後，我遇到並愛上了一位巴基斯坦的伊斯蘭穆斯林（即使我是個猶太人！），他成為我的心靈伴侶與最好的朋友。我們現在已經結婚九年了，而我不顧醫生的勸告，又生了另一個女兒。這些醫生也同樣無法解釋我奇蹟式的康復，但是我知道當你相信時，**任何事情都是可能的！**

我很感謝癌症改變了我的生命，讓生命變得更美好，而且我感謝露易絲，她成為我最棒的導師。她教我如何改變想法與信念，如何愛我自己。現在我是個整體諮商師，幫助其他人將自身痛苦的經驗轉化成力量，而我對這個工作有極大的熱情。「你可以做到，」我告訴他們，「露易絲做到了，我做到了，所以你也可以。」

內在的自由

亞當，藝術家，加州

我是個三十歲的男人，從十六歲開始就一直生活在水泥牢籠中。在這些冰冷的牆壁之後，我幾乎無法體驗到慈悲與療癒。我唯一能感受到的慰藉就是獄友所釀製的酒精，以及在監獄內流動的藥物。

三年前某個美妙的一天，和我通信的心靈老師向我介紹露易絲。這位慈悲的女士和我分享她對露易絲的敬仰，並解釋露易絲是如何改變了她的生命。我那充滿愛心的朋友持續不斷向我解說露易絲書中的內容。我兩年前處在生命谷底時，就被《創造生命的奇蹟》裡許多改變生命的肯定句所啟發。我學到如果想要改變，那麼**我**就必須要做出這個改變；如此一來，我身邊的人將會改變他們和我連結的方式。

我開始練習肯定句與寬恕。我很驚訝地發現，只不過是藉由重複不斷寫下肯定句，就能帶來轉化的力量。我了解到自己值得愛與療癒，好似奇蹟一般，我發現了內在的自由！

這些日子以來，我用的另一個有效工具是《愛你自己，療癒你的生命練習本》。當我跟著這本書做練習時，露易絲幫助我去了解自己，藉由認出性格上的缺點，做出正面的轉化。我致力於療癒內在的傷口，滋養心與心智，以及照顧內在小孩；其他人則對我變得更好的巨大變化感到震驚。

每次收到賀書屋寄來的書，都讓我很開心，生活因而增添了希望與明亮的色彩。這些書確實做得很棒，提升了我意識的覺知——我因而大大擴展了。我也帶了幾本給我在這裡的臨床醫生，他也很讚許這些書，並讓其他也有這些需求的收容者閱讀。

我現在確實擁有更高的自尊，並對生命有更正面的展望，我喜歡從露易絲的肯定句開始每一天。露易絲讓我看到，我擁有力量來療癒自己，這個每天日漸療癒的事實就是我的奇蹟。

慈悲原本幾乎不存在於我的世界。露易絲，謝謝妳讓我的生命充滿廣大無邊的正面影響。

新觀念與新道路

雀莉兒，小學老師，密西根州

露易絲似乎在我最需要她的時候，像個小奇蹟般來到我的生命。我想你可以說我正在經歷「青年危機」。對我身邊的人來說，我看起來還滿好的，但是在內在深處，我深深掉進黑洞中，不知如何才能爬出來。

我以優異的成績自大學畢業，嫁給高中時就在一起的戀人，在墨西哥度過了美妙的蜜月，然後搬到一個很棒的新地方。但是突然之間，這些美好的事情就結束了，我開始感覺很焦慮。看起來似乎只要找個工作，我大部分的問題就可以解決了。於是當我無法馬上找到工作，我就覺得失去了獨立性。我才二十三歲，就被認為是「家庭主婦」，這根本就不是我要的。我必須創造自己的道路，卻不知道要怎麼做。我覺得卡住了。

然後在二〇〇八年二月，我無意間看到《歐普拉秀》，露易絲是那一集的來賓。我馬上就覺得自己是注定要看到這一集的。當露易絲在說話的時候，我覺得她似乎是直接對著我說。我對她的《創造生命的奇蹟》非常有興趣。藉由改變我們的想法與信念，就可以創造快樂，對我來說真是個難以置信的觀念！這個新觀念給了我希望，讓我爬出洞穴，開始再次喜愛生命。

於是我盡快買了一本露易絲的書，並在書頁裡連結到許多事情。每當我覺得喘不過氣、覺得有壓力、難過或只是想要繼續我的療癒時，就會把書拿起來看，然後馬上就覺得好多了。我開始每天練習肯定句，並記下我最喜愛的句子，這樣不管我到哪裡去都可以隨身攜帶。

書中關於露易絲自己的故事特別啟發我。我記得她被診斷出癌症時，她療癒自己的其中一個方式就是透過各種治療法。我感覺到為了要成功療癒，我似乎需要做更多事，便開始去找治療師。和專業的治療師談過後，成為我邁向另一條療癒之路的跳板。

我的練習做得越多，就越能看到在生命裡的正面改變。如同露易絲說的，我開始看到奇蹟出人意外地顯現：我很快就找到工作，和丈夫的關係也改善了，而我和我的姊妹又再次親密起來。我的焦慮降低了，開始專注在生命中真正想要的事物上。我自己仍然在努力，但我會和其他人分享從露易絲那裡學到的東西——現在我的家人都在看《創造生命的奇蹟》，各自為了自己而去學習新信念的力量。發現露易絲是個多麼大的祝福啊！

伊娃瑪莉，專業聲樂家，肯德基州

最好的自己

力量之點永遠在當下此刻。露易絲所說的這句（以及其他許多）話語幫助我改變了生命、愛我自己，並繼續往最好的自己成長，更不用說能夠在每一天連結到在所有一切與每個人之內的神性。

我父親在二〇〇八年秋天被診斷為肺癌末期，只剩下一到兩年的生命。這個消息毀了我和我的家。但是在那個時刻，宇宙告訴我其實我有個選擇：我可以繼續現在的道路，活在失望與恐懼的生活裡，或者是改變，透過新的思想與信念，做最好的自己並創造夢想中的生活。

當時，我在醫學臨床上被認定為過胖、揹負很多卡債、和無法互相支持的人們住在不健康的環境裡，最糟糕的是，我不知道如何愛我自己或我的生命。當我開始讀《創造生命的奇蹟》，我的生命永遠被改變了。我努力做了每章節的練習，又陸續找了露易絲的其他書籍、CD與DVD來看。藉由消化這些資訊，隨著裡頭所包含的偉大智慧與愛，我得以打開雙眼，以新的眼光看見自己與周遭的世界。透過露易絲提供的練習與美麗的肯定句，我能夠釋放許多總是阻礙我的舊有負面信念。我開始愛自己並做我自己存在的創造者。

現在已經是一年之後，我要驕傲而感恩地告訴各位，我減輕了二十七公斤，而且從來沒有這麼健康過。我現在住在自己美麗的房子裡，沒有任何負債，我的財務狀況比以往任何時候都還要穩定。我可以說，這是我第一次真正愛我自己與我的生命。我也感覺到因為新的信念與態度，我想要觸動並提振我身邊的人。我把露易絲的書與智慧傳遞給許多生命中所愛的人，而他們也從她美妙的禮物裡獲益良多。

露易絲，謝謝妳做妳自己，以及妳所做的一切輝煌榮耀的事情。因為有妳，我知道我的旅程只是個開始，而我愛極了這旅程裡的每時每刻！

感覺再次充滿活力

帕爾文，網頁設計師，加拿大

我在十二歲時失去了父親；到了十八歲時，我在革命之後離開了伊朗，來到了印度；當我二十一歲時，我結婚了；到了二十六歲，我搬到了加拿大。

我離開伊朗時，若從我被養育的方式與成長環境的文化來看，我是個相當獨立的女孩。然而，我的生命卻在婚後整個翻轉了。我和我丈夫的關係是一場災難。我忍受不斷在情緒、身體與心理各層面被虐待，逐漸失去了自我價值感及我之所以為我的一切。

我在一九八五年生下第一個孩子。雖然我隔年就搬到了加拿大，我仍然經歷了文化衝擊，也很痛恨要離開家人。這都要「感謝」我那虐待成性的丈夫、有個新生嬰兒、覺得自己是個新手媽媽，以及在生命裡缺乏支持，我的自我價值感根本就是零。有很多次我都想離開，但是我的低自尊讓我沒法這麼做。我在四年半後生了第二個孩子，事情變得越來越糟。我變胖了，也不想用任何方式照顧自己。

一九九一年，我大姊在一場車禍中喪生。我無法參加她的葬禮，因為伊朗政府不准我回到我的國家。我是如此絕望，幾個月來日夜不停哭泣，頭髮也開始掉落。即使如此，我卻變得更胖，我覺得自己好像什麼都沒有了。

在這期間，我開始在一間小辦公室裡擔任牙醫助理。有天我看到跟我一起工作的牙醫，手上拿了一本封面有個大大彩虹的書，書名是《創造生命的奇蹟》。我問說是否可以把這本書借回去幾天，她說可以。我記得我當晚回到家後，便迫不急待地把孩子們哄睡，好開始看書。當我一開始看，就很確定這本書正是為了我而寫的。感覺起來就像是有人將美好冰涼的水，澆在我內在熊熊燃燒的火焰上。我做了練習，讀了每一頁，覺得自己好像又活了過來。

我想我應該讀了不下二十次吧，最後我終於能再次獨立並感激自己。過了一陣子，我可以真正走到鏡子前，看著自己的眼睛說「我愛妳」。我遇到一些非常好的朋友，生命開始有了意義。我感謝神讓我遇見這位牙醫老闆，還有最重要的，給了我露易絲。這些年來，我買了露易絲的所有書籍與CD，每當我發現有人陷入跟我以前相同的處境，我就會送他或她一本《創造生命的奇蹟》，當作是我和露易絲送的禮物。

露易絲，我全心愛著妳，謝謝妳給我的一切。

珊卓拉，行政主管，科羅拉多州

安全之旅的祝福

我一年前搬到科羅拉多州的柯林堡，卻在四十哩遠的懷俄明州的契焉尼工作。我聽過許多令人恐懼到汗毛直豎的故事，都是關於這裡冬天的氣候，以及在這兩個城市間的路況會變得多糟之類的事。我開始時常擔心天氣，對開車上下班也感到緊張，然後我讀到露易絲的建議：在離開家門前祝福你的旅程與車子。而那就是我開始做的：現在每當我上班與回家時，我祝福車子、天氣及其他在路上的駕駛人。我最後會說：「神啊，謝謝祢，請給我一趟安全之旅。」

現在是奇蹟的部分。去年我見過冰、暴風雪、強風級的風、龍捲風……卻從來不是在上班途中遇見的。有次上班時，我一走出家門就看到大風雪，但當我轉個彎，天空馬上就清朗了。另外有次一整天的風速都超過時速五十哩，就在我要離開的當兒，有位同事走出門，宣布風已經完全停了。我只是微笑著說：「神啊，謝謝祢。」

這個故事對某些人來說也許不算什麼，對我來說卻都很重要。藉由改變我的信念與信任內在的力量，我真正感謝露易絲給我的禮物，以及我所經驗到的這些奇蹟。

羅莎琳，地方公務員，佛羅里達州

我的清晰時刻

多年來我一直覺得，在目前的環境之下，自己應該要**做得**更好、**擁有**更多。我確實希望從生命裡得到更多，卻總覺得越嘗試，就越在原地打轉。我的工作一向很不錯，然而我只做到過得去的程度。我會說：「我要的不過是能支付我的帳單。」而那確實就是我得到的。

幾年前，有人介紹我看諾曼．文生．皮爾的《積極思考的力量》。書裡每一個字我都了解，卻總是難以領略書中要旨。大約三年前，我發誓事情得有所改變，我願意盡我所能來讓改變發生。

看來當我做了生命要變得更好的決定後，事情便開始就定位了。一開始，我決定不再看十二歲起就愛看的小說，從現在開始要看的書，都要能幫助我成為更好的人。然而，直到我被引導至露易絲的《創造生命的奇蹟》，我才有了清晰的時刻。

「我有力量用思想超越目前的情況，並專注在我希望的生活裡」，這個觀念激起我的好奇心，讓我決定付諸行動。我想，**畢竟這裡有個人就這樣治好自己的癌症，如果她做得到，我應該也能夠改變這個其實一點都不糟的狀況**。於是我思考著想要什麼樣的生活。慢慢的，一次一個肯定句，我開始相信事情將有所改變。那是我真正享受這段旅程的開始。

當我讀到露易絲針對特定身心問題提出可能原因的「身心療癒表」，我震驚極了。近一年來，我有隻耳朵一直有聽力問題。我去看醫生，試著清出東西，卻一點幫助也沒有。然後我想到有個跟我很親近的人，總是會向我訴說她生命中經歷過的痛苦；到了某個時候我再也不想聽了，便把耳朵關起來——這恰好解釋了我的聽力問題！我開始每天重複露易絲建議的新思考模式。一週後，我試著再度清理耳朵，結果一切都很好，之後我再也沒有聽力問題了……而我再也不會因為我所允許的事物開始在我生命中顯現而感到訝異。

露易絲，謝謝妳，我是活生生的證明：你真的可以療癒自己的生命。

泰瑪拉，心靈諮商師，亞利桑那州

我值得快樂

我在一九九六年進入曼哈頓的瑞典學院，學習成為按摩治療師。當時我被診斷出有兩種自體免疫系統疾病，而且被告知必須要離開學校，因為按摩會對我的疾病有負面影響。我當時好煩惱，因為我其實很喜歡在這間學校學習如何療癒他人。

有位朋友看我那麼苦惱，便給了我《創造生命的奇蹟》。一開始我覺得那不過是些莫名其妙的鬼話，但我越讀，靈魂似乎就越輕盈。我開始運用肯定句，甚至寫下來塞在儀表板上。每當我告訴自己，**我值得愛**，或是**我如我所是的完美**時，我都會哭出來。我的頭腦很焦慮，但是我的靈魂知道真相。

我才剛離開一段飽受虐待的婚姻，我一直不停提醒自己**我值得快樂**。在我和孩子們有了住處後不久，我和九歲的女兒出了一場嚴重的車禍，而她在一週後過世了。我堅持對生命保持正面肯定，在經歷更多的眼淚後，我致力於寬恕自己。

我一而再、再而三地告訴自己，**我值得快樂**。我的心智不想相信，但是再一次的，我的靈魂渴求這些話語，而它們帶給我平靜。不管發生了什麼事，或者事情變得如何糟糕（我經歷了酗酒、緊張的家庭關係及健康問題），我運用肯定句來度過這些日子。相信我，這些全都很有效。

今天我坐在這裡，已經康復超過十年，我的家庭關係被療癒了，還有個美好的生活。我最愛的肯定句是：**我值得付出與接受愛**。最後，我吸引了一個很棒的男人進入我的生命，而他愛我的**全部**。

我正在籌辦一個女性心靈團體，專門為上癮者、性工作者與受虐婦女所設立，我也把露易絲的書和ＤＶＤ當作部分的課程。我打從心底知道，她的書幫助我療癒了我的生命，使我從無助者成為希望者。在我的世界裡一切都美好！

露易絲，謝謝妳，願神祝福妳為了我及他人所做的工作。

凱莉，自由作家與部落客，澳洲

拯救自己

我所知最為接近大師的人就是露易絲。《創造生命的奇蹟》讓我打開眼界，看見新的存在方式，也讓我得以窺見我可以變成怎麼樣的人。就是這麼簡單，閱讀這本書讓我的生命永遠改變。

母親送給我露易絲的書時，我只有二十歲，卻已經吸引了一個情緒虐待、暴力與控制的關係。我看起來是個聰明、有動力的年輕女性，大好人生在前方等著我。但在內在，我是個驚慌尖叫、苦惱的小孩，暴怒地對抗被遺棄、失去的純真，以及被性虐待的羞恥。我如此絕望地想要快樂，然而我所生活的世界卻充滿了痛苦與批判。我非常努力試著要完美，卻憎恨自己，因為我根本就不完美。

我一讀到露易絲的故事，就像看見太陽出現一樣。突然間，我明白原來生活不見得每天都是烏雲密布，確實有片藍天在那裡！我了解到，在我想要擁有夢想中的生活之前，我必須要先改變自己。

我的家庭有癌症病史，也有酗酒與精神病史。我不想要有這些問題，癥狀卻已出現，上癮與憂鬱已經在等著我。我當下就決定要重塑自己跟我的人生，我要超越以前發生過的所有事情。這段旅程花了我許多年，因為放下過往真的並不容易。事件也許會從記憶中消褪，失落、拒絕與背叛的感覺卻會延續，在你的心中築巢。它們會堵塞你的動脈，沉重地端坐在你的胸膛，你覺得自己好像就要在生命的醜惡裡溺斃了。

我必須要選擇改變，而改變的一部分就是要放下過往，撫慰我的痛苦。是的，我有絕對正當的理由來恨這個世界：我一直這麼不幸，我值得擁有更好的。但是露易絲讓我看到，唯一能讓我有更好生活的人就是**我自己**。我必須要拯救自己。

在一九九五年雪梨的一場學術討論會後，我很幸運地遇見了露易絲，和她說話，而我永遠也不會忘記這位女士身上閃耀的光芒。她是如此閃亮燦爛，像天使一般——這形象與她如此相稱！最後，我從露易絲身上學到的是，我也是個活生生、會呼吸的天使，我值得無條件的愛與接納。我值得最棒的生命所提供給我的，而且我愛我本然所是。

琳達，光工作者與房地產經紀人，加州

露易絲的幫忙

一九八〇年代初期，我在洛杉磯的菩提樹書店發現了《療癒你的身體》。我很高興，也十分訝異能找到這樣的資源。我跟露易絲聯絡，告訴她我在最高安全等級的監獄中和囚犯一起做的事。

露易絲慷慨地給了我一百本的《療癒你的身體》，送到全美國的監獄裡。他們收到這些書時極為激動，甚至轉給監獄牧師與監獄裡的圖書館。我很確定這道光會加乘放大，而且將會繼續持續下去！

幾年後，我帶著母親去見露易絲（那時她還有做個人諮商），想幫助母親處理她自己的人生課題。我說：「媽媽，這位女士不是來自這個星球，她不過是來這裡幫忙的。」當我母親在接受治療時，我則拜見了露易絲的母親，那是個非常棒的會面。

我們離開露易絲在聖塔莫尼卡美麗的家時，我問我媽媽：「妳覺得怎樣？」她眉開眼笑，甜甜地說：「妳說的沒錯！露易絲不是來自這個星球，她一定是來這裡幫忙的！」

這些年來，我和許多人分享了露易絲的書與想法。看到她最近的電影，我相當激動，我覺得這對地球的影響將比《祕密》還要大。露易絲是位先驅者，我非常幸運可以遇見她，並且受到她的教導與臨在的祝福。身為一個女人，她是個啟發者；身為企業領導者與光工作者，她真是棒透了！

提升進入天堂

潘蜜拉·費，風水師，維吉尼亞州

有位朋友在一九九六年給了我一本《療癒你的身體》，讓我對身心連結的真相與正確性震驚不已。接著在一九九九年，我的生命出現了爆炸性的事件：我發現我結褵二十年的丈夫有外遇，他離開了我；我最大的孩子當時正在念高中，她懷孕了，想嫁給一個年輕男人，而她父親在這之前曾不准他們見面長達一年；我被診斷出子宮頸癌第三期。我跌入了谷底，需要找到可資依循的方法。

之後幾年，我讀了好幾本露易絲的書，每一本都幫助我療癒。我最喜愛的書是在我處於谷底時出現的，當時我到書店去尋找是否有能幫助我的東西。我請求宇宙的指引讓我發現「對」的書，然後它就出現了：露易絲的《感恩》（*Gratitude*）。

當我回到家，我馬上坐下來，讀了每一個故事。這本書將我提升到了天堂，從這些人的故事中，我了解到一切都會解決，沒什麼好怕的，我只需要去愛與信任自己。宇宙會送來我想要的，一切都會沒事。那天下午我送出了我的渴望，穿上我最喜歡的衣服、播放最愛的音樂，將我的靈魂傾注進這個時刻。我馬上覺得好多了。那天帶領著我到書店發現《感恩》的嚴重問題，不久就以非常美妙的方式解決了。事實上，我根本沒想到會有這麼美妙的結果！

之後，我就替親友買了那本書，總共有數十次之多，每當他們感覺無望或絕望，我就請他們每天至少閱讀一則故事。而他們所有人都告訴我，這本書如何幫助了他們！

露易絲，謝謝妳和我們分享妳在生命中學到的一切。我永遠感謝妳，希望能很快再遇見妳，這樣我才能給妳一個大大的擁抱！

蓓蕾，保險經紀人，印第安納州

露易絲革命

我第一次看見露易絲，是在二〇〇八年的《歐普拉秀》上。我當時剛被解雇，那份工作讓我過得很悲慘，身邊都是負面的影響，感覺既孤單又難過。我看著電視節目，立刻就訂購了一本《創造生命的奇蹟》。同時，我還邊看節目邊做筆記，決定要改變我的生命。我做了一張願景板，馬上開始練習肯定句。

對於過去六個月所經歷的一切，我感到相當不可思議。我再次找回自己的靈性，與神有了真正的連結，也盡全力去解決債務。保持正面讓我四個月內沒有經濟上的困難，因而有餘裕找到另一份工作，而我也真的找到了喜歡的新工作。我和我的初戀又再次聯絡上，現在我們已經訂婚，準備在今年十月結婚（我之前已打定主意要單身一輩子）。我的未婚夫也在看《創造生命的奇蹟》，還變成了強悍的男人，再也不像以往像踏腳墊般任人欺壓。（我告訴他，我不會嫁給任何一個拒絕閱讀這本書或不依此而活的人。他一開始很遲疑，但現在就活在這之中！）

我的未婚夫也有兩個很小的孩子。我們也買給他們露易絲的書當作聖誕禮物，並且學著每天練習肯定句，也了解到他們可以**選擇**正向。我們一直看到孩子們在進步，很興奮地知道他們的生命可以在這麼小的時候就如此豐富。

我跟我認識的每個人說，人人都要有一本《創造生命的奇蹟》，而且別再為生命中的任何問題找藉口了。今天我的母親、姊妹和阿姨也都是露易絲革命的一份子！我覺得我似乎認識露易絲，她是我生命中美麗的指引之光。我愛她的電影，每當我需要振奮的時候，我就聽她的肯定句CD。服用過這個「提神飲料」後，每次都會有好事發生！

露易絲，我是如此感謝妳。我現在是個非常快樂的女人，而我生命的每一天都越來越棒！

早已是了

蘇珊，酒保、人力資源專員、公證人……（以上只是其中一些），麻州

我記得嬸嬸在我五歲或六歲時的感恩節問我，我長大後想做什麼。我一臉迷惑，回答說：「我已經是了。」我繼續解釋說，當我長大後我仍然是我啊。我的嬸嬸同樣看起來一臉迷惑，不知道要說什麼才好。當然，隨著時間過去，我最後了解她問的是什麼……如同我的職業欄所顯示，我已經「成為」了一些角色。但是對我來說，真相是：這些禮物、天賦、想法等需要「占據」我的時間的事，在我出生時就已經存在了。只不過是社會的信念，認為每種職業都需要一個職稱。我也可以再加上母親、女兒、姊妹、妻子，但是同樣的，要扮演這些角色的能力都早已是我存有的一部分。

我在一九八四年第一次讀到《創造生命的奇蹟》，那年我二十八歲。我記得當時想著：**現在總算有人知道我的感受是什麼了，露易絲一定知道我所謂的「我早已是如此」的真義！**在那時，我讓自己承擔許多社會信念，但其實根本就不是真的。譬如，我是個體型豐滿、藍眼珠的金髮女子，這代表我唯一的角色就是愚笨與性感。閱讀露易絲的書，使我開始放下那些攜帶已久的錯誤信念。當我了解這些信念是從哪裡及從誰而來之後，我就能放下，並了解到起初這並非我的信念。

那是個很奇妙的奇蹟，當你能夠只改變想法，就在那一瞬間，你的生命也改變了。而且這個改變永遠都是更好，因為你用正面想法替換掉負面念頭。

親愛的露易絲，謝謝妳和所有人分享妳的想法，讓我回到單純「存在」的道路！讓我送妳許多擁抱與快樂。

愛蓮娜，工作中，荷蘭

來自天堂的幫助

我來自捷克，在共產主義下出生。我的父親相當專橫，也很負面──他從來不說他愛我，也不願表達任何情感。他也非常愛批評，因此不管我做了什麼，從來都不會是正確的。他認為這樣做會讓我變得更堅強，事實卻相反。我一畢業，就到另一個城市工作，等到滿二十歲後，就搬到荷蘭開始新的生活。

我跟一位朋友在一起，很快就找到工作，住在同一間公寓裡。但那時候捷克人無法在荷蘭合法工作，於是我們最後流落街頭，和奇怪的人住在一起，並且嗑藥。但是因為父親（我朋友的父親甚至比我的更糟）的因素，我們並不想回家。

我們習慣在街上四處晃盪，看人們丟棄的東西，好決定是否能使用或賣掉。我喜歡書，因此每當看到有書躺在地上，我就會撿起來留著。有一天，就有一本《創造生命的奇蹟》躺在地上。我會注意到這本書，全是因為色彩鮮豔的封面，說實在的，我並不是很喜歡。那時候，我不喜歡各種不同的顏色：我的顏色就是黑色。這就是這個故事神奇的地方。我發現這本書在地上，跟垃圾混在一起，而且我不喜歡這個封面，但我還是拿起來並翻開來讀了。

接著我去愛爾蘭看我男友，但事情並不順利。我想回荷蘭，卻因為移民法規的問題被遣返。我非常難過，打電話給我哥，他對我很好，讓我在他那兒住了一個月。

這是來自天堂的幫助——如果我沒有被遣返，永遠也不會開始生活得像個正常人、愛我自己並感激我本然所是。我現在二十九歲，回到了荷蘭，但是這次我在辦公室裡工作，而且住在很不錯的公寓裡。我的夢想是在幼稚園教書。我知道我是注定來陪伴孩子，並教導他們真正重要的事，譬如說如何愛他人及愛自己。

我了解到我並不需要父親來告訴我，我是一個多棒的人。當然我會喜歡從他那邊聽到正面的話，但是我知道他已經盡力做到他所能做的了。我非常愛我的家人，也很高興在生命裡擁有他們。這麼多年之後，今年是我們第一次一起過聖誕節，真的很美妙。

現在一切都很棒。即使有困難的事情發生，我知道這只不過是我的另一份功課，這是一個測驗。我愛這所生命學校！

親愛的露易絲，我愛妳，祝妳一切都好。對我來說，妳是個天使，真的幫助我療癒了我的生命。（另外，我現在喜歡彩虹裡的所有顏色了！）

洛莉，律師，印第安納州

給露易絲的十四行詩

我出生在一個零和世界，每個人都在競爭有限的資源，而讓一個人勝利的唯一方式就是讓另一個人失敗。在那樣的世界裡，**陽剛**代表「力量」，**陰柔**代表「虛弱」。孩子們要被看見而不是被聽見；女人要順服與遵從。多年來我一直掙扎著要打破那樣壓迫的世界以得到自由，卻從來不了解原來這樣的壓迫，其實是來自挫敗自己的信念系統。我學習法律並學到要決斷，但不論我達成了什麼，其實仍舊注定會失敗。我還是個一直嘗試在男人世界裡成功的女人。

這些在我開始閱讀露易絲的書時都改變了。當我知道愛自己與運用正面肯定句後，每天都變成奇蹟。我現在在豐盛的世界裡撫養我的女兒，在這裡我們擁有她需要的一切，而且足夠分享給他人。在我們的世界裡，陽剛與陰柔是同樣重要的，並且完全擁抱人類互補的部分。孩子們被肯定、珍惜，並且被鼓勵去獨立思考。愛與仁慈代替了恐懼與操控，合作取代了競爭，生活如此美好。一切都是美好的。

所以我只是想對露易絲說謝謝。每個女人都值得一首榮耀她的十四行詩，而我帶著筆墨難以形容的感恩與感激，寫了這首詩給露易絲：

想想我可以學習去愛自己
知道智慧來自那些等待之人
滋養身心靈，使之健康
並且無時無刻告訴自己：「我很棒！」

我的生命映照出心中所持的信念
每次我改變心智，我就改變了世界
接納是開始的唯一之處
而我藉由仁慈達到成功

每天早上醒來我就確認
「今天我所需要的一切都是我的。」
豐盛在每個轉彎處等待
宇宙的時機在神聖之中

我永遠感謝露易絲女士
謝謝她指引這個更仁慈、更溫柔的道路

與露易絲一起練習

在你的生命裡，你想改變什麼？你知道你的哪些思想模式會造成你不想要的情況？不管你已經抱持這些信念多久了，要知道它們已經不再支持你，而且現在就放下是沒有問題的。你「可以」為自己顯化新的未來，一個充滿喜悅與愛的未來。

當你覺得準備好要開始這個心理工作，以下的練習能幫助你去深入檢視你的信念。畢竟，如果你根本就不知道舊信念是什麼，你根本就無法開始轉化！（請將你的答案寫在另一張紙或筆記本上。）

發現你的信念

請想想以下清單中的字眼，所有進入你腦子裡的信念。你可以自由增加在生活中覺得不是很順利的部分。盡你所能列下清單，寫下每一件事（包括正面和負面的信念），就能清楚看到你的想法。這些都是你生活中所依據的內在潛意識規則。除非你可以認出自己所抱持的信念，否則是無法在生命中做出正面改變的。

- 男人
- 女人
- 愛
- 性
- 工作
- 金錢
- 成功
- 失敗
- 神

當清單差不多完成後，整個讀過一遍。在每個滋養並支持你的信念旁邊打個星號（☆），這些是你想要保留並強化的；在每個負面與對你的目標不利的信念旁邊打個勾（✓），這些信念阻礙了你所能做的一切，這些是你想要消除、停止或重新程式化的信念。

負面訊息

接下來，列出所有父母說你做「錯」的事。你聽到了什麼負面訊息？給自己足夠的時間，盡可能回憶起來。通常半小時就很夠了。

對於金錢他們是怎麼說的？他們是怎麼說你的身體的？他們是怎麼說愛和關係的？他們是怎麼說你具創造力的天賦？他們對你說了哪些限制性或負面的事物？

如果可以，客觀地去看你的清單，並告訴自己：「所以**這就是**那個信念的由來。」

現在讓我們挖掘得更深。當你還是小孩的時候，還聽過什麼負面訊息？你的親戚、老師、朋友、有權威的人或神職人員是怎麼說你的呢？全部寫下來。慢慢來。當你這麼做時，去覺察你身體裡的感受是什麼。這是另一張需要從你的意識中移除的信念清單，都是讓你覺得自己「不夠好」的信念。

你的故事

寫個關於你人生的小故事，從你的童年開始，需要特別提及任何情緒或行為的改變。在潛意識裡，你有什麼負面信念呢？允許它們出現。你也許會訝異於你所發現的。

當你寫下你的故事，你注意到有多少負面訊息嗎？把每個浮現的負面訊息當作珍寶：

「啊哈！我找到你了，你就是那個一直找我麻煩的傢伙。現在我要把你消滅掉，從此自由。」

這會是個走到鏡子前的好時機，看著你的眼睛，確認你的意願，去釋放所有舊有負面訊息與信念。當你這麼做時請深呼吸，並說：**「我願意釋放那些再也不能滋養我的負面觀念與信念。」**請重複這句話數次。

置換你的「應該」

我多次提到，我相信「應該」是人類語言中最具傷害性的字眼之一。每當我們使用「應該」時，其實就是在說我們**現在**做錯了，或者我們**過去**錯了，或者我們**將會**做錯。我想要永遠把「應該」這個字眼從字彙表上剔除，置換成另一個字：**「可以」**。這個字給我們選擇，然後我們永遠都不會錯。

去想想五件你「應該」做的事，然後寫下來。接著重寫那些句子，把「應該」替換成**「可以」**。

現在，問你自己：「為什麼我沒這麼做？」你也許會發現這些年來，你一直為了你在一開始就不願意去做，或者為了從來就不是你的想法的事情而苛責自己。

有多少的「應該」可以從你的清單上消除？寫下那樣做給你的感受。

恐懼與肯定句

在以下列出的每個領域中，寫下你最大的恐懼。然後在旁邊替換為能抵銷這份恐懼的正面肯定句。創造你自己的肯定句，或者用以下列出的肯定句。

- 職業
- 生活處境
- 家庭關係
- 金錢
- 外表
- 性
- 健康
- 關係
- 年老
- 死亡與垂死的

肯定句

- ❤我相信自己改變的力量。
- ❤我與生命的一切和平共處。
- ❤這是個新的時刻。我有放下的自由。
- ❤我願意寬恕所有傷害過我的人。
- ❤我對自己的生命負責。
- ❤我願意為我自己與我的人生創造新的想法。
- ❤我與那創造我的力量合而為一。在我的世界裡一切都美好。
- ❤我看見自己在新的光中。我愛我自己。
- ❤我往前邁進，從過往中解放。我是安全的。
- ❤超越他人的界線對我是安全的。
- ❤我信任生命的過程。
- ❤我是敞開的，並且願意改變。
- ❤我認出我是自己快樂的來源。
- ❤我釋放再也不適用於我的事物。
- ❤我敞開、並接受來到我生命裡的美妙與美好經驗。

- 我超越限制性的信念，並且完全接納自己。
- 我聲明自己的力量，並充滿愛地創造自己的現實。
- 我願意釋放所有舊有的、不再支持我的負面觀念與信念。
- 我和我自己與我的生命和平共處。
- 我寬恕並且釋放過往。我移向喜悅。

轉化舊有信念的處方箋

我的生命永遠如新。我生命裡的每個時刻都是新鮮而充滿活力的。我運用正面思考去創造真正想要的一切。這是新的一天。我是新的我。我的想法不一樣了。我說的話不一樣了。我的行動不一樣了。其他人對我也不一樣了。我的新世界映照出我的新思想。播下新種子是喜悅與歡欣的，因為我知道這些種子將會成為新的經驗。在我的世界裡一切都美好。

第十章

找到生命意義

我們在生命中都曾疑惑要如何才能達到人生目的，甚至懷疑到底「有沒有」目的。感覺起來我們的生命中似乎缺少了什麼，卻不知道如何才能填滿這個空白。有些人可能轉向嗑藥、不健康的關係或其他自我毀滅的行為，但這都只是為了嘗試要讓我們的生命有意義。也許我們相信自己沒有權利要求更多，或者覺得除了眼前的一切之外，看不到未來。然而我們每個人「確實」都值得擁有生命所提供的最棒的一切。

顯化生命最佳版本的第一步，就是改變心智。要記住，快樂並不是從「外面」尋得，只能透過愛自己與接納，從內在而來。學習愛自己，信任在你之內的神聖智慧。只要你允許，宇宙會帶給你所需要的一切。

我希望以下人們找到生命意義的故事，能夠啟發你看到生命裡更大的目的，激勵你去實現完全的潛能。

有熱情、有目的的人生

雪倫，作家、國際演講者、製作人，加州

我的存在就是不停與生死共舞。我還是孩子的時候，克服了長達九年的性虐待；長大成人後，我在厭食症、幾段破壞性關係、兩次自殺未遂裡活了下來。

一九八五年以前，我一直視自己為受害者。那時我遇見我的導師琳達，當時她正與我一起處理我對自我厭惡、憤怒、恐懼與憎恨的感受。琳達給了我《創造生命的奇蹟》，我做了書中所有的練習：開始使用讓我產生共鳴的肯定句、練習觀想和鏡子練習。我告訴自己：「雪倫，我愛妳，我真的愛妳。」露易絲的書也幫助我處理人生的核心課題，像是寬恕、感恩、關係與健康。

不久，我了解到想法和話語是多麼有力量，和健康幸福息息相關。我盡可能去學習身心靈之間的關聯，開始感受與經驗內在的和平、力量、對我自己與他人的寬恕。我也學習到不論在何種狀況下都要去擁抱正面的態度。

我從一九八六年開始在愛滋病與癌症社群裡擔任義工，教授我學到的身心靈技巧，另外也在青少年講堂及針對青少女的輔導機構裡授課。那一年年末，我面對了另一項挑戰。我看到我前夫出現在電視特輯《愛滋衝擊家庭》，他在節目上宣告感染了愛滋病。於是我去接受檢測，結果是ＨＩＶ陽性。但是我允許病毒賦予我力量，而不是去認同自己是無辜的受害者：我成為第一個在南加州公開坦承受到愛滋感染的女性。

我開始參加露易絲為感染ＨＩＶ與愛滋病的男同性戀者所舉辦的支持團體（我相信我是第一

個參加該團體的異性戀感染女性）。露易絲和這些男士充滿了慈悲、愛、感恩與對生命的熱情，我感受到自己是這個大家庭的一份子。我從露易絲身上學到許多，視她為我的另一位導師。

一九九七年，我因為愛滋併發症經歷了瀕死經驗。但是我被告知那還不是我該離去的時候，並且給了我生命的目的。我了解到我所面對的每個挑戰，都播下了與他人分享禮物與智慧的種子。

透過擁抱並釋放所有挑戰，一切都變得神聖起來——我因此被療癒了，並被帶領著進入自我探索、重新回到整體之中，以熱情活出生命的目的。現在我在我的書中分享從露易絲那兒累積的知識與智慧，也分享給美國、加拿大、歐洲、日本與俄羅斯的聽眾。露易絲是人類的禮物，也是我生命中的祝福！她是個先驅者與傳奇。她留給世人的一切將會永存不朽！

露易絲，讓我從心中榮耀妳，妳是如此被深深愛著！

安東妮特，心理治療師、瑜伽與靜心老師、作家，加拿大

我的道路突然清晰了

我經歷過黎巴嫩的內戰，十三歲就被訓練成民兵部隊的一份子，成為國民兵。在震驚中，我目睹人類是多麼擅長此道——這不是電影情節，這全都是真的。我的兄弟就在我眼前被射殺而受傷。我想留下來奮戰，我的家庭卻決定離開，來到加拿大幫助我的兄弟。

我讀大學時，開始覺得必須要改變世界。我出身戰亂，並不知道要如何參與和平政治。接

著，有位和我非常親近的人溺死了——我整個世界因而崩潰、基石塌裂。我結束心理學上的學習，只為了尋找一道光。經歷這一切之後，我無法了解人類為何能夠同時擁有這麼多的愛，卻又如此具破壞性。

過了一陣子，我發現露易絲法文版的書。多麼棒的禮物啊！我閱讀這些書的時候，了解到不管我們是如何活著（不論背景或生理狀態為何），我們都有能力轉化。因為這道新的光，我的道路突然清晰了起來。

我現在是心理治療師、瑜伽與靜心老師，以及大會與工作坊的領導人。我最近也出版了一本法文書，希望也能以英文出版，這樣我就可以送給露易絲了！這本書引導人們把自己從內在的戰爭中解放出來，為自己及身邊的人創造一個愛的世界。我希望有一天能看到世界和平，而我知道這個道路必須經由愛來達成！

這些日子以來，我的一切努力都是為了要讓世界更好，我甚至創作了兩齣戲劇來描繪人類的潛能。我是如此備受祝福，能夠在所在之處做能力所及的事物。我想如果所有人都能致力於正面地改變自己，那就會是改變世界的途徑。

露易絲，妳是整個星球的靈感與光。謝謝妳做本然所是的自己，和所有人分享妳的智慧。我誠摯希望生命將最珍貴的禮物傾注在妳身上。妳的書讓我相信愛的奇蹟！

精采人生的跳板

吉娜，按摩治療師，麻州

我一九九九年第一次發現《創造生命的奇蹟》時，正困在焦慮與恐懼的漩渦之中。我有兩個小男孩，但我的負面情緒讓我成為易怒又沒耐心的母親。我有個充滿愛的好丈夫，而我則是他愛批判又沉默寡言的妻子。我知道自己正加劇地失去控制，卻無法告訴任何人，因為我覺得很丟臉。

當我開始看露易絲的書，我了解到我可以呼吸了：真正的**呼吸**，而不是我一直在做的屏氣或淺淺的呼吸。為了擁有美好的生活，我緊抓著這本書不放，而它拯救了我的生活。焦慮對我的攻擊立即減少了，新的思維模式開始出現。現在我不再只想著要怎麼度過這一天，我開始去看我真正是誰。

當我拿回思想的主控權，我釋放掉對於恐懼與焦慮的需要，吸引所有關於我是誰與希望成為的自己所需要的支持與指引。我知道我來到這個地球是為了要幫助人們，在我很小的時候就知道了。現在我已經準備好要弄清楚**如何**幫助他們。

我記得以前事情進行得不夠快速時，我會覺得很挫敗。我現在就要一切的東西！然而當我回頭看，我可以清楚看到所有的踏腳石，一個接一個在我的道路上。譬如我辭掉工作，去按摩學校上課。這是個很密集的三個月課程，我每週只回家幾個晚上，但是我的先生和孩子都很支持我。

畢業後，我花了點時間才找到按摩方面的工作，因為我有信心可以如此挑剔，也有智慧不妥協於任何小於我的展望的工作。我在一個非常有天賦的按摩治療師底下實習了一年，很清楚我要的是什麼。然後在二〇〇七年，我已準備好離巢單飛，開始自己的工作。到今天，我幫助很多人釋放身體的不適，我也協助他們明瞭他們其實可以療癒自己的身體，並藉此療癒自己的生命……

這裡頭最棒的部分，就是我的孩子們目睹了這一切的發生。他們看著我成長，步出我的舒適區，在信念上做出巨大的跳躍。在我生命中原本可以給予他們的一切裡，我很感激這是他們所接受到的（就在我將自己的經驗化為文字時，我剛剛才了解，比起逃跑並隱藏本性，或是做我以為其他人希望我所成為的樣子，原來做自己其實容易多了）。

露易絲，我閱讀《創造生命的奇蹟》一定有好幾百次了，而且我買了很多妳的書送給親友。我為這所有的一切謝謝妳。

慶祝我的喜樂

碧昂卡．瑪利亞，生命教練與藝術家，愛爾蘭

我的故事始於二十六年前的德國。由於在暴力與虐待的成長過程中飽受折磨，我在任何方面幾乎都感受不到愛。我的父母都酗酒，在我很小的時候就離開我們，因此我的童年時期在諸多痛苦之中掙扎。真是要「感謝」我粉碎的自尊與缺乏正面能量，我是個極端善妒的人，在我生命裡幾乎什麼東西都沒有用。但是從我還小的時候，我就和我的高我與大自然有很強大的連結，這舒緩了我的靈魂，也幫助我存活了下來。

我十六歲離家，在旅館裡工作。對我來說這很有挑戰性，因為我對禮貌或生活之類的事根本一竅不通。當我搬到愛爾蘭，療癒的旅程便正式揭開序幕。為了試著處理巨大的恐懼與限制，我參加了戒酒匿名會，在那裡酗酒者的朋友、親戚、孩子或配偶都能找到很大的支持。

在這些聚會裡，我認識了一位女士，她介紹我看露易絲的書。在看了那本令人驚歎的《創造生命的奇蹟》之後，我覺得我擁有了力量去看自己的內在，並改變生命。我開始每天至少書寫三頁肯定句的過程！我想如果肯定句真的有效，那麼這些紙張正在為我創造一個美好的未來……而它們真的做到了。

三個月之內，我把病態的嫉妒下降到可接受的程度，還發現鎮上有個志趣相投的心靈朋友聚會。大約六個月後，許多小小的奇蹟發生了！我吸引了一份美妙的關係，擁有很棒的新朋友及更多的金錢。我也瘦了快十三公斤，開始每天靜心。

從我開始做露易絲的練習到現在已經兩年了，我的生命還是以最完美的方式展開著！我開始在我的客廳舉行「創造生命的奇蹟」聚會，幫助彼此面對面。我自己架了個網站，還有一個支持全世界婦女的網路團體，這些都給了我更多機會去傳布露易絲的訊息。值得驕傲的是，我現在可以說我知道自己是天生的老師，是被揀選來幫助他人療癒、創造他們真正值得的生活。我覺得我已經找到了生命的目的！

到今天，我很感謝我的童年，因為它使我成為現在美麗的我。生命繼續下去，對我來說，生命變得令人興奮、特別並充滿了愛。我繼續在我的道路上探索不同的觀點與老師，學習我來到這裡所要學習的課題。我慶祝這份喜樂！

露易絲，妳是我的天使，我對妳所做的一切是如此感激。妳讓這個世界變得更好，把很多的愛給了許多迷失、覺得自己不夠好，以及陷在深深痛苦與恐懼中的人。非常謝謝妳！

蓋兒，演說家、作家與老師，科羅拉多州

我可以飛

一九八七年時，我手邊有一本《創造生命的奇蹟》，這是以（盲人用）布拉耶點字法寫成的，而我的手指已經滑過這些書頁無數次。她並沒有治好我的癌症或其他身體疾病，但是她療癒了我心智裡的疾病。

在我閱讀露易絲的書之前，我是個受害者。我是個早產兒，相信我的生理限制來自醫生的錯誤，以及母親的酗酒、抽菸。我在畏縮、憤怒、恐懼與沒有連結下長大。在經歷兩次鼻子手術後，我記得我看著鏡子，想著：**你這個醜八怪，我恨你。**我被父親虐待，十一歲時因為白內障而全盲。我沒有什麼好期待的，便對這個世界閉上眼睛，不想成為其中的一份子。

祖母和音樂是我唯一喜歡的事物。祖母給了我愛和希望，音樂則讓我落實在當下，也讓我能夠表達自己。離開父母之後，我開始了音樂會歌手的生涯。我在成功的表演後得到了高分，進入聲音的博士課程裡就讀。我想要唱歌，做出美麗的音樂，學校的職員卻「箝住了我的翅膀」。我的創意被扼殺，讓我的身體長出一個卵巢囊腫，必須要動手術移除。

當我的戀情破碎，我的生命陷入了谷底。我想放棄音樂、夢想，以及希望被愛的自主權。我現在沒有能力去做決定、說出需要、說不或者說實話。我放棄了我的身心靈與情緒，當我的伴侶宣布「分居」，我身心交瘁；當我看不到和解的可能，我變得非常沮喪，想要自殺。

透過心理治療，我開始療癒並且愛我自己，發現我有存在的理由。我想要說出我的故事與真理，便詳實記錄這三個月裡的一切是如何發生的：母親突然過世，我做了子宮切除術，移除雙眼，還必須賣掉房子。當我放掉舊有的信念、願景與連結，我被迫去擁抱新的。

感謝生命的旅程，以及閱讀《創造生命的奇蹟》——我學到說出真理、面對恐懼，以及感受我的感覺。現在，我想飛的渴求遠大於墜落的恐懼。對於如何看待人生，我有了選擇：我可以在這樣的情境下麻木不仁，成為受害者，或者可以因為這樣而產生力量。我選擇了後者。願景是內在的，不是外在的，那是由我的心、而非用我的眼睛來指引。為了要飛翔，我必須「活在我的夢想裡，以翅膀翱翔」。

露易絲，妳的書是我唯一一本以布拉耶點字法做成的書，而這也是一本我不時回來尋求指引的書。謝謝妳轉化了我的心與靈魂。

奈潔姆妮沙，養育子女教練、訓練師／輔導員、心靈諮商師，南非

啟示錄

我第一次看到《創造生命的奇蹟》時，正處在生命的谷底。身為十六個孩子之中的老么，我

一直都覺得自己是家中的害群之馬。我是說真的。我在種族隔離政策最黑暗的時期長大，但我的膚色不像其他兄弟姊妹一樣是淺色的。我覺得母親恨透了我，所以我時常需要表現良好，就只是為了要被注意到，或是有歸屬感。

我生第一個孩子時，右半邊大腦的血管因此破裂，但是當時並沒有被診斷出來，直到多年以後才發現。我苦於癲癇症發作與產後憂鬱症，因此造成甲狀腺亢進。生完第二個孩子後，我近乎精神崩潰。但是在後來的歲月裡，我視之為**「突破」**，而非**「崩潰」**。

我在圖書館發現了一本露易絲的書，卻花了很多年來閱讀。我知道露易絲有個「療癒你的生命」工作坊，但他們只讓白人上課。我當時的老闆覺得我「夠白了」，便把我帶去上課。在那幾年裡，這些工作坊的每一堂課我都去上，我的生命也因而改變。與此同時，我也在上一門心靈課程，驚歎於我的信仰與露易絲的前提有如此多共通性。這真是非常具啟示的經驗。我學到即使我致力於改變信念，仍然能保有我的價值觀。

現在我在基層的社群裡服務，主持照顧子女與自我覺察工作坊。我是憂鬱症與焦慮者團體的協調聯絡人，也曾經是熱線諮商師。露易絲的書改變了我的生活，也協助我找到道路，而我現在試著以同樣的方式幫助其他人。謝謝妳給我這個機會來分享我的故事。

我的原動力與靈感

勞德絲，雙語個案經理／社會服務，亞利桑那州

我在一九九三年從墨西哥的索諾拉來到美國。那時我根本不會說英語，還把生命中最珍貴的寶貝留在家鄉——我的兩個女兒，當時各是八歲跟三歲。三個月後，孩子和我團聚了，我們也開始適應這個新世界。

不到一年，我就遇到了一位很棒的美國男士，以他的愛、仁慈與接納圍繞我和女兒。即使有語言的障礙，我們仍然發展了一段很美好的關係。當我們無法了解對方時，就使用「西班牙文—英文」的雙語字典。後來我們結婚，成為一家人，到現在已經十四年了。

多年來我都是以幫人打掃房子維生，收入相當不錯。我最後進了大學，雖然沒有畢業，但我學了英文，主修社會工作。我是得到認證的醫學口譯人員，便待在醫院裡做翻譯工作。然而我卻苦於焦慮症發作，覺得失去了自己的道路。

我平常會做瑜伽、跑步、太極和健行。我也參加好幾個自助研討會，學習靜心，以及其他更多東西。感謝我擁有的所有新經驗，解決了我內在的許多課題。我找到我不喜歡自己的部分，想要改變。我開始努力去處理生命的拼圖：我從哪兒來、我所成長的環境、我的信念、習慣、行為與感受……

在我參加的一個研討會裡，我發現了蘇珊．珍佛的《恐懼OUT》，這本書是啟動我存有的原動力關鍵。在書中，我又發現了露易絲與《創造生命的奇蹟》，還有許多書與很棒的作者。然

而露易絲的書一直是我這些年來的原動力。我愛她的故事、她的建議、她的勇氣……我可以一直不斷列下去。感謝她的CD，我已經能管理我的焦慮與恐懼了。裡頭的音樂幫助我旅行到靈性、安全與和平的所在。

我受到露易絲啟發，以西班牙文寫作出版了自傳。有些拉丁族群的婦女遭受到家暴，或者自尊很低、充滿疑惑與恐懼，這本書就是用來提振並賦予這些女人力量。在我做志工服務、以西班牙文演講激勵聽眾時，這些女性都能認同我的故事，正如同我認同露易絲那樣。

我現在四十一歲，我的女兒（分別為二十四歲與十八歲）都過得很好。我們三個人都是美國公民，也很驕傲可以對這個國家有所貢獻。我們是健康的女人，在生理、心理與情緒上都是。我的婚姻持續在和平與愛中成長。我的內在小孩綻放出她最大的潛能——唱歌寫作——正如同我還是小女孩時所做的。露易絲，非常謝謝妳！

帕米娜，生命教練與壓力管理顧問，辛巴威

露易絲的智慧

十三年前，一位澳洲朋友寄了《創造生命的奇蹟》給我，當時我的生活看起來實在不太妙。在我生命中的「前露易絲」時期，我常因為足夠殺死大象的情緒重擔而頹喪不已，把舊疤痕與限制標籤當作是最時髦的飾品般穿戴在身上，而且我的自我形象很低落，有厭食症的蚯蚓看起來都比我令人印象深刻。露易絲的書將我所知的世界整個翻轉過來。我在這一切裡扮演了部分的角色？我創造了我的實相？那代表我有力量去重寫這令人沮喪的生命劇本？我真的可以這麼有力量嗎？哇！真是一語驚醒夢中人啊！

在「後露易絲」時期，她的智慧總是常伴我左右。我一直保存著那本早已翻爛、還用膠帶黏起來的《創造生命的奇蹟》，這本書的漣漪效應散布得既廣且遠。我學到如何獨自生活，並喜愛這樣的生活。我停止允許自己被過去奴役，也停止用失敗來定義自己。我停止和鬼魂戰鬥，問題的複雜性對我再也沒有任何誘惑。我日漸無懼。**我不再無謂地探索問題，停止從那種無節制的憤怒與自艾自憐的清除裡得到滿足**，而這曾是我生命裡很大的一部分。想要責怪自己狂歡作樂、折磨自己的那種鐵人競賽般的欲望也消退了。換句話說，我已長大成熟，不再執著，情緒開始成熟穩定。我放掉辛苦賺來的資產，變成尋找授與之地的流浪者，好讓我居間逗留，重新發現自我。

當我埋葬十六歲的女兒時，露易絲的智慧與力量就在那裡。雖然很痛苦，但我一步步慢慢從又深又黑的坑洞裡爬出，我曾躺在那兒，感覺像是被掏空了一樣。我也幫助十多歲的兒子在與喪親、責怪及挫敗對抗時，能夠存活下來。

我旅行時行李總是帶得很少，但可以確定的是，露易絲的「智慧之書」總是會收在我的行囊中。當我成功地在像火星般陌生的國度裡成為企業與個人壓力的合格管理顧問時，這本書的指引總是在我身邊。接下來我又繼續成為生命教練與催眠師，回到我紛擾的家鄉辛巴威，在最前線執業。

對我來說，露易絲的法則已經是我的第二天性，就像呼吸一樣自然。如同露易絲一樣，我非常有熱情去幫助人們超越自身環境、賦予自己力量，並且盡力成為最棒的人。她的典範鼓勵我去寫書，讓我的精神保持愉快振奮，足以乘著這無可抵擋的浪潮，進入出版的領域。

露易絲，妳的精神與智慧讓我用奇蹟般的方式重寫生命劇本，謝謝妳！

活在夢想的生活中

凱特，大笑領導人、創造健康導師，英國

遇到《創造生命的奇蹟》之前，我根本不覺得我們全都擁有創造自己生命的力量。

一九九八年一月，我原有的生活幾乎全部消失不見。那如夢似幻的婚姻變成醜陋的戰場，我的兒子處在危機之中，我自己的狀況也不好。醫生告訴我：「嗯，妳的癌症又復發了。我們現在還是要來對付這隻攻擊性很強的猛獸，現在只剩下兩種化療藥物是妳還沒達到上限的。如果有用，就會延長你的生命；如果沒效，我保證不會讓妳受苦。」

在那個時刻，我終於停止再當模範病人。「我不去了，」我回答：「我想要奇蹟。」

人們說當你準備好時，老師就會出現。我根本就不知道為何那天我要到書店去，但是我記得封面上那顆大大明亮的心，以及「創造生命的奇蹟」這幾個字，就像磁鐵般吸引了我的注意。我買了這本書，讀了一遍，然後再讀一遍。這本書從此成了我生命的一部分。

有三年的時間，露易絲的書一直長伴我左右。我放了一本在書桌上，另一本在床邊，每天至少看一章。每當我需要安慰或激勵，就會重複大聲念誦肯定句（即使到今天我仍然用這句肯定句去處理所有事情：**在我的無限生命裡，一切都是完美、整體與完整的）**。慢慢的，我開始改變想法，而我的生命也因此改變。

一九九八年三月，我替自己設定了三個似乎不可能的目標：

1. 完成一個奇蹟。
2. 釐清我的婚姻。
3. 戒菸。

到了八月，我清除了癌症、處理了婚姻，還有戒菸！不管你相不相信，戒菸是最後達成的——我還是繼續吞雲吐霧，即使每次做化療時都是，我的醫生都快絕望了。但是最後我戒了。離婚的過程也許不是嘗試戒菸的好時機，對我來說卻很有效。

我的醫生非常困惑不解，我竟然還活著，而且還活在我夢想的生活中。我現在和生命裡最初的愛快樂地結婚了，而我摯愛的兒子也長大成為我尊敬的男人，在自己選擇的道路上綻放。我是露易絲「愛你自己，療癒你的生命」的老師，也是大笑領導人與創造健康的導師。我很開心地教導他人去創造他們夢想中的生活。二〇〇七年，我的第一本書出版，現在我正在寫第二本。活著是很美妙的事，可以為療癒這個星球做出貢獻！

為什麼不是我？

珍妮特，青年診療中心的節目聯絡人，加拿大

我是加拿大原住民，曾經歷很長一段個人的痛苦經驗，像是虐待與共依存關係、藥物與酒精上癮，以及自殺的念頭。我多次覺得自己是受害者，而且疑惑**為什麼是我？**

我在生命裡的谷底時，正好看到一本小冊子，上面有個兩天的工作坊資訊，叫作「愛你自己，療癒你的生命」。我馬上就知道，這是我一直在尋找的東西，便立刻報名參加。

這真是個令人驚歎的工作坊，讓我更了解自己，包括我是如何不認同自己。最後我了解到，我能夠以我本來所是的方式去愛與接納自己！在那之後，生命裡所有事情都開始就定位。

首先我採用一些步驟去探索我是誰，還有為何我現在會是如此。藉由練習露易絲的觀念及運用正面肯定句，我可以很開心地告訴各位，我能夠真的如實如是地愛自己並接納自己。我更加了解自己，不再去疑惑**為什麼是我？**我開始去問，為什麼「**不是**」我？

二〇〇二年，我知道佛羅里達有個訓練課程，雖然我已決定參加，卻有種種理由令我未能成行。然而，我持續確認肯定：**我是個認證的「療癒你的生命」工作坊領導人**。二〇〇八年四月，我終於有機會去佛羅里達參加訓練，當我回到加拿大時，就已經是「療癒你的生命，達成你的夢想」工作坊領導人了。對我來說，這真的是美夢成真，因為我的目標就是要透過激勵訓練、講習、工作坊與演講來幫助他人。自從拿到證書後，我開始實現在社區裡開設第一個工作坊的目標。有七位來自三個不同原住民社區的學員參加，而那次是盛大的成功。

有趣的是，我知道全世界有數千名訓練師，但我卻是唯一一個參加該訓練並得到證書的加拿大原住民。透過我的工作坊，我很有把握能讓他人產生力量，去克服限制他們成功的負面心態。

接下來我可以夢想什麼呢？親自與露易絲、偉恩．戴爾或歐普拉見面？嗯……

伊蓮，藝術治療諮商師，北卡羅來納州

散發自己的光芒

我想分享我的故事，來啟發跟我一樣的人去克服生命中的挑戰。我受纖維肌痛症之苦超過七年之久，甚至痛到持續不斷、無法下床的地步。直到我從內在發現靈性與露易絲的書，我才真正了解要如何療癒身心靈。

運用密集的肯定句、觀想、營養淨化及心理治療的整套計畫，我才能將一些光投射進緊抓著我不放的「那些層面」。一路走來，從一開始纖維肌痛症就控制了我的生命，到後來我拿回主控權，擁抱自己的真正本質。我的道路轉變後，我就完全從制約中被治癒，解放自己，找到內在的靈魂。這讓我產生力量，去處理療癒靈魂的各個層面。我的健康改善了，心智與身體也是，而我現在知道提升的靈魂是不受限制的。我的生命變得更美好，且以啟蒙與滿足的方式學到以更不同的方式來看世界。

對我來說，露易絲的療癒訊息如同一口新鮮空氣，也是個機會，讓我了解到我也有光可以散發。自從她在我生命裡造就不同之後，我覺得有責任去延續這條生命之線，好讓其他人的生命也有所不同。我找到了我的目的，我現在把我的知識與智慧分享給希望實現自己人生旅程的人。這些日子以來，我的靈魂因為希望、和平與平靜而揚升。

因為我的療癒，使我後來變成靈氣與弧光治療藝術諮商師。為了要繼續憶起我是誰，我的新道路包括完成超意識學習的碩士，希望最後拿到博士學位。這讓我可以幫助他人扭轉他們的生命，找到成功的熱情與要訣。

露易絲一直都是我生命中的靈感，她幫助我揭開帷幕，拿走眼前的遮蔽罩。我是如此受到祝福，因為她的資訊而找到了自己的道路。我仍然時常翻閱她的書，我覺得和它們的連結與力量是如此調和，與我自己的想法和生命過程非常一致。

露易絲，感謝妳走出來並實踐妳的理念，若不是妳散發的光芒，我無法成為現在的我。願感恩與愛的療癒力量，隨著這個世界無限的信念，讓我們所有人一起合而為一，並療癒每個人及宇宙的身心靈。

我很快樂！

麥可，護士，俄亥俄州

我小時候受過性與身體上的虐待，長大後我還是允許自己被虐待。我那時並不知道，我的過去其實並不必然主宰我的現在。所以如果人們稍微注意我一點，我通常就會讓他們為所欲為，從我身上得到任何他們想要的東西。我的自尊非常低落，不認為自己重要。我連高中都沒畢業，為了尋求快樂，我不停在各個城市裡換工作，卻總是覺得缺少了什麼。我會選擇讓別人來傷害我，只不過是為了確認我為何會值得那樣的痛苦，然後就沉浸在憂鬱之中。我不知道思想的力量，也不知道我越是這樣想，就越會成為所想的樣子。這樣的惡性循環讓我將自己緊鎖在痛苦裡。

我一直都希望成為護士，也相信若是能幫助他人，我對自己的感受就會好很多。我成為有執照的護士，真誠幫助他人，然而我並沒有覺得自己更棒，反而變得更為悲慘。我還是繼續追尋快樂，繼續不停換工作，我覺得糟糕透了。有一天，有人告訴我一位叫露易絲的女士。

我聽了她的CD，還看了《創造生命的奇蹟》，然後一切就開始改變了。突然之間，我不再需要從其他人身上、甚至從我的工作裡去尋找快樂。我發現快樂就在我自身，因為我開始想：**嘿，我可是個大人物，而且我愛我自己！**我的生命開始轉變。在我意識到怎麼一回事之前，我已成為一個不僅愛他人，也愛自己的護士。

我遇到來自全國各地的「旅行護士」，因此有份很長的電子郵件名單可以寄出正面訊息。我很驕傲可以透過我說的話，幫助改變我所遇到的男男女女。但是如果沒有那個介紹我認識露易絲的人，我根本也無法在今天寫下這個故事。

如同露易絲完美的聲明：「這只不過是個想法，而想法是可以被改變的。」而我就是如此開始的：我想說：**嘿，我可以快樂。現在我很快樂！**我不是完美的，但是沒關係。生命是美妙的，如果我們都允許自己從**「我可以快樂」**這個念頭開始，那麼，我們都可以去經驗那最棒最好的！

肯定確認前往美妙生活的道路

卡崔娜，學生與兼職零售業銷售助理，澳洲

二〇〇八年二月，我的先生告知我，如果我和前次婚姻所生的兩個兒子離開，他的經濟狀況會好很多，於是他要求我盡快找到住所。我沒有工作，但很幸運的，孩子們和我可以和家人住一段時間。

當時的租賃市場處於最緊俏的狀況：我站在一大群等待的人之中，想看看少數幾間有可能出租的房子，卻一點收穫也沒有。某次嘗試找房子的回家途中，我停在一家書店前，看到了《創造生命的奇蹟》。我買了這本書，兩天就看完了，我發誓要來試試肯定句。在感覺到我的態度真的有所改變後，我又再嘗試去找住的地方。當我跟其他七十個人一起在看同一個地方，另一間房子的經紀人打電話給我，說我的申請書剛剛被接受了，所以孩子們和我可以在這星期內搬進去。我所能做的只是哭泣並感謝神。

隔天，我注意到我很喜愛的一間服裝店貼出了「徵求助手」的牌子，他們在徵求兼職的銷售助理。我再次憶起露易絲在她書中所講的一切，便馬上去應徵，結果應徵上了！這證明肯定句真的有用！我祈禱要有個新家和新工作，觀想在我的世界裡一切美好，突然之間就這樣發生了。

之後我和孩子們搬到新家，離店裡走路不過兩分鐘。一開始手頭真的很緊，因為我還沒收到第一個月的薪水。我要到週四才能拿到薪水，但我們在週二就幾乎用盡了家中最後一塊香皂（請別誤會，我有個非常充滿愛與支持我的家庭，會給我們整個世界，但是我決定要自己扛下一切）。當我週二結束工作要返家時，我的一位同事說：「卡崔娜，今天早上客戶送了禮物，他想謝謝我們每個人給予的服務。」看到這個客戶帶來送給我們的那一大籃香皂，我提醒自己，我們需要的一切確實都會提供給我們，正如同露易絲在她美妙、改變生命的書中所說的。

小小的奇蹟幾乎每週都在發生，從我的退稅可以付清汽車保險，到收到退款和水費帳單到期是同一天。但最重要的是，我的兒子和我很快樂又健康地住在一個好地方，我也喜歡我的工作。還有很棒的鄰居，其中有一個正完成我即將要去上的心理學課程。是的，我要去上大學，也非常期待這個我一定會去走的新方向。

露易絲，謝謝妳顯化我的道路，將我的生命翻轉過來。在我的世界裡，所有一切真的非常美好！

框架外的生命

梅麗莎，作家、攝影師、藝術家、老師、律師及法律諮商，科羅拉多州

當我們講到奇蹟，常常會想到那些無法想像的事物：比生命還巨大、令人驚歎的事件，對抗邏輯，或者是脫離大自然的定律。但是有時候奇蹟是以小小的方式來到，肉眼無法察覺，像是觀點裡輕微的轉變。如同把種子播在肥沃的心智裡，它們在世界上以新的方式成長，讓那些經驗變化的人產生非凡的結果。

奇蹟就是像這樣，來到了我身邊。我的職業是律師，我在二十四歲時開始工作，身邊充滿了

衝突與掙扎，但我卻很諷刺地發現，法律專業（以及這整個產業）的敵對天性是如此令人厭煩。我在框架外尋找答案，知道必然有更好的方式能讓我在這個左腦世界裡巡遊。

在這個過程中，有位按摩治療師推薦我讀《創造生命的奇蹟》。很快的，我發現自己學到一種新的法律：靈性的宇宙法律。這是我個人轉化的第一步，將專注力放在正面思考、肯定句、靜心與祈禱力量的旅程。看完露易絲的書之後，我讀了所有我能找到可以觸及思想的力量，以及靈性法則的書，包括許多賀書屋作者的作品。不久，我就開始重新建構我的生命。

宇宙法律是我在兩個世界中的橋粱。我並沒有妄想去轉化整個法律專業領域，但我了解到真正的改變必須從內在開始，然後往外擴延至家庭、組織、團體、城市、國家，以及整個世界。

我越是研讀、整合這些法則進入自己的生活（在個人與專業上皆然），便越是有意識地與生命連結。我和任何想聽的人分享新發現的智慧，包括客戶與同事，並努力去做我想看到的改變。

人們說：「從小小橡實長成參天巨樹」。為了要了解這份瘋狂，便開始了我的追尋，帶領著我去追求這獨特的道路，從這裡我成為「人類法律」與宇宙法律的萬能律師、倡導者與諮商師，我非常熱誠地寫作（放在我的每月智慧專欄裡，刊登在一份當地雜誌與我的部落格上）。

今天我的生命看起來非常不同。現在我自在地在物質與心靈世界、左腦與右腦之間優遊，享受身為攝影師、藝術家、創意作家、老師與萬能律師的職業生涯。這對一個曾深深陷在如此線性世界裡的女孩來說，可不是小事一樁。

多年前，有個客戶在某次膠著的協商過程中說：「小姐，奇蹟不會發生的。」對他，我只能很尊敬地說：「我反對，先生。」

露易絲，謝謝妳開創性的教導，讓我看到我**可以**療癒我的生命……一次一個想法。

琴妮，銷售副總裁，加州

不只是生存者，不只是一朵玫瑰

我父親又喝醉了，拿槍指著我的頭……你可以想像接下來整晚發生了什麼事。即使我那時只有十五歲，就已經經歷了多年各式各樣的虐待。隔天我離開家，再也沒回去。但是我現在把那個最可怕的夜晚當作祝福，因為它給了我離開的動力。

我後來成為一個很好的生存者，和同學的家人同住兩個月。接著我在劇院找到工作，還找到室友一同分攤房租。我存下錢，跟「好心願」（譯注：美國主要的二手物品回收轉賣服務中心）買了一部二手打字機，決定要找個坐辦公室的工作，改善我的情況。於是我努力練習打字技巧，還謊報年齡。我後來得到一份辦公室工作，坐巴士上下班。

我盡可能地學習。在通過高中同等學力考試後，我開始上大學夜間部。雖然花了我將近十年的時間，最後我還是拿到了會計學士學位。

我對生存很在行，說到挑男人卻很糟糕：我四十歲，單身，還有四個孩子。但我想要的不僅僅只是存活，於是我很快就被一本書吸引，改變了一切：那本書就是《創造生命的奇蹟》。

我開始肯定聲明我可以得到很棒的工作，可以創造金錢而不只是算錢，而且我會賺很多錢，以滿足所有家人的需要。在三個月之內，有人請我銷售幫浦、安全帽等商品，而我證明了自己在銷售上表現傑出。我下一個肯定聲明，就是銷售我喜愛並相信的產品。機會不只出現了（銷售露易絲的書！），而且我在過去十八年做得非常成功。我有很棒的工作與美麗的家，更重要的是我知道我是顆被愛的靈魂，來到這個星球像玫瑰般綻放，而不僅僅只是個存活者。

我希望我能跟年輕人分享我的故事，這樣他們就可以看到永不放棄希望的重要。他們不僅能穿越挑戰，還可以很繁盛，並了解到他們是深深被愛的。

與露易絲一起練習

你知道你真的想做什麼，以及你想要如何真正地去感受嗎？不要立刻回答「正確的」答案——那是你以為你「應該」想要與感受的。要有意願去超越你今天所相信的，然後去想想到底是什麼會真正讓你感覺有生命力，並受到啟發。然後去考慮正面的行動，讓你能一直感受到這樣的方式。對你的思想模式要有意識，放掉那些令你無法擁有更好生活的舊信念。

以下練習將會幫助你弄清楚真正想要的是什麼，接受你是真正值得的，並歡迎它進入你的生活。在另一張紙或筆記本上寫下你的答案。

想想你值得擁有什麼

盡可能敞開與誠實地回答以下問題：

鏡子練習

・有什麼東西是你想要卻是你現在沒有的呢？清楚並明確地知道你的渴望。

・在你的家裡，關於「值得」有沒有什麼法則／規定？他們會跟你說「你不值得」或「你值得討一頓打」？你父母也覺得自己值得嗎？你是否總是要很努力才能贏取這樣的「值得」呢？而這樣的贏取是有用的嗎？你是否被告知你很不好？或者有罪的人是不值得的？你犯錯時，是否有很多東西就會被拿走？

・你覺得你值得你想要的一切嗎？出現的念頭會是：「等一下，當我贏得的時候」，或者是「首先，我必須要努力才能得到」？你夠好嗎？你曾經有過「夠好」的時候嗎？

・為了要能夠值得，有任何人是你需要去寬恕的嗎？苦澀讓我們在心房築起了牆，使我們很難去接收。

・你真正值得的是什麼？你是否相信「我值得愛與喜悅，以及所有的美好」？或者在你深深的內在裡，根本就覺得自己不配得到任何東西？為什麼？這個訊息從何而來？你願意放下嗎？你願意把什麼放在那個地方呢？請記住，這些都是想法，而想法可以被改變。

看著鏡子，然後說：**「我值得擁有或是做＿＿＿＿，而且我現在就接受它。」**說兩次或三次。

你覺得如何？不斷去觀照，去感覺你的身體裡發生了什麼。你是否感覺到真實，或者還是覺得沒有價值？

如果你身體裡出現任何負面感受，那麼請回到鏡子前練習肯定句：**「我釋放在意識裡一直創造抗拒美好的模式，我值得＿＿＿＿。」**

即使你必須連續這麼做好幾天，也請重複這句話直到你感受到接納。

創造你的新生命

你是為了什麼而活？你生命的目的是什麼？寫下你做過、正在做，或者正在努力的事。盡可能寫出能讓你充滿熱情與熱誠的事情，讓你的頭腦真正發揮創意，樂在其中！

觀想

接下來，看見自己真正活出你剛剛在上面所創造的生活裡。這個理想的生活感覺如何？你看起來如何？你感受、看到、品嘗、觸摸或聽到的是什麼？想像你的關係。你會跟誰連結？放鬆並吸入你新發現的自由與快樂。

什麼會讓你快樂？

現在去想想會讓你快樂的是什麼。現在不是去談你**不**想要的是什麼。這個時刻，要非常清楚知道在你的生命裡，你真正想要的是什麼。列下所有你想得到的事，包含生活的所有面向。至少列出五十樣事情，讓你更接近你所觀想的理想生活。

在你寫下所有你想得到的渴望之後，在每個項目後面寫下肯定句。創造你自己的肯定句，或者使用底下列出的句子。你值得擁有美好的新生活！

肯定句

- 我釋放感覺不配的需求。我值得生命中最棒的事物，並允許自己去接受。
- 我有權力、力量與知識去處理生命裡的一切。
- 我的心智創造我的經驗。我的能力是無限的，可以在生命裡創造美好。
- 我的內在願景是清楚、不受遮蔽的。
- 我能輕易隨著新的經驗、新的方向與新的挑戰而流動。

❤我對內在的智慧敞開。我在平靜之中。
❤我現在超越其他人的期待。
❤我在宇宙裡是安全的，所有生命都愛我並且支持我。
❤我願意創造關於自己與生命的新想法。
❤我願意學習。我輕鬆自在地往前邁進。
❤我以愛祝福每個情境，並且知道每件事都以最棒的可行方式解決。
❤我願意超越自己的恐懼與限制。
❤我很安全地在自己的中心裡，並且接受生命的完美。
❤我尊重自己。我是被神聖保護與護衛的。
❤我看到我的模式，我選擇做出改變。
❤我了解我是多麼的美好。我愛自己並且享受自己。
❤我創造了新生命。我只接受完全支持我的信念。
❤我相信改變的力量。我願意採取下一個步驟。
❤我活在當下。每時每刻都是嶄新的。
❤我創造了美妙的生活，每天都比前一天更好。

找到生命意義的處方箋

我與生命合一，所有生命都愛我並且支持我。我是值得的。我值得所有的美好。不只是一些、不只是一點點，而是所有的美好。我現在進入一個新的意識空間，在那裡我願意以不同的方式看待自己。我願意創造關於自己與生命的新想法。我的新思想轉化成為新的經驗。全然的可能在我面前發生。我值得美好的生活。我值得豐盛的愛。我值得良好的健康。我值得活在舒適豐盛裡。我值得喜悅與快樂。我值得自由去做我能做的一切。我還值得更多，我值得所有的美好！宇宙非常願意顯化我的新信念。這是我的存有的真理，而且我如是地接受。在我的世界裡一切都美好。

後記

親愛的朋友們，謝謝你跟我一起開始這趟令人驚歎的旅程。對每個為這本書做出貢獻的人，我深深折服於你們仁慈與充滿愛的話語，而你們願意花時間來分享這些經驗，令我感覺非常榮幸。

如同我在自序中提到的，這本書的重點是要向你們顯示，**一個人就有力量以正面的方式去感動許多人**，所以在未來的歲月裡，我希望你在日常生活裡也能這麼做。

在我們美麗的星球上成為一股良善的力量吧。散布愛、喜悅與慈悲。在你能夠的時候給出、在你可以的地方給出。每天做一件仁慈的事。為了所有你所是與所擁有的，向宇宙表達感恩。最重要的是，知道你值得愛、豐盛與所有生命提供的一切美妙事物。

你和我可以讓這個世界變得更美好……每一天，以每一種方式。

心誠所願。

國家圖書館出版品預行編目資料

你也可以創造生命的奇蹟：來自全球的自我療癒實證與方法／露易絲．賀等（Louise L. Hay & Friends）著；彭芷雯 譯. -- 初版 -- 臺北市：方智，2012.09，288面；14.8×20.8公分 --（方智好讀；20）

譯自：Modern-day miracles : miraculous moments and extraordinary stories from people all over the world whose lives have been touched by Louise L. Hay
ISBN：978-986-175-280-8（平裝）

1.自我肯定 2.生活指導

177.2 101014285

The Eurasian Publishing Group
圓神出版事業機構
用心與你對話．視野無限寬廣
方智出版社
Fine Press

http://www.booklife.com.tw inquiries@mail.eurasian.com.tw

方智好讀 020

你也可以創造生命的奇蹟：來自全球的自我療癒實證與方法

作　　者／露易絲．賀等（Louise L. Hay & Friends）
譯　　者／彭芷雯
發 行 人／簡志忠
出 版 者／方智出版社股份有限公司
地　　址／台北市南京東路四段50號6樓之1
電　　話／（02）2579-6600．2579-8800．2570-3939
傳　　真／（02）2579-0338．2577-3220．2570-3636
郵撥帳號／13633081　方智出版社股份有限公司
總 編 輯／陳秋月
資深主編／賴良珠
責任編輯／溫芳蘭
美術編輯／劉鳳剛
行銷企畫／吳幸芳．施伊姿
印務統籌／林永潔
監　　印／高榮祥
校　　對／賴良珠
排　　版／杜易蓉
經 銷 商／叩應股份有限公司
法律顧問／圓神出版事業機構法律顧問　蕭雄淋律師
印　　刷／祥峯印刷廠
2012年9月　初版
2024年5月　15刷

MODERN-DAY MIRACLES
By Louise L. Hay and Friends

定價300元　ISBN 978-986-175-280-8

Printed in Taiwan